留意宇宙給你的訊號，
抓住它為你帶來的每一個機會。

遇見心想事成的自己

張德芬——著

Contents

第二部 秘密背後的秘密——經由喜悅的旅程到達喜悅的終點

新版序 心想事成不是坐享其成

《遇見心想事成的自己》又要改版了。這是我的著作當中，非常特殊的一本。因為這個故事我很喜歡：一個貧賤少年妄想娶到公主，後來他體會到，原來他並不是真的想要娶公主，而且結局也和他想像的相去甚遠。當時是因為一本叫《秘密》的書非常紅，而裡面說的一些東西語焉不詳，可能有誤導大眾之嫌，所以我用心地寫了這本書，並且用故事巧妙地編織、串連我想要表達的東西，所以這是我非常用心寫出來的一本書，就像是自己精心培育的孩子一般。

很多人被「心想事成」這四個字誤導，認為只要用「想」的，就可以得到自己想要的東西。經過了這麼多年的歷練，我還是認同書中說的，發願時，一定要以「感受」為主導。如果你的內在是不確定的、擔心的，那麼散發出來的振動頻率就無法吸引你想要的事物來到你生命中。而且我愈來愈體會到「命運」之手的力量，作為人，我們是如此的渺小。我深信，每個人來到這個世界上，如果過得不開心，那麼就一定有一些必要的功課要學習，也就像是我們求學一樣，小學、中學、大學，一關一關地過關斬將。面對生命中的挑戰，就像是面對各種考試，如果不過關，有一門科目掛掉了，你就必須重修。所以，我們看見，很多人在生命中其實是在不斷地重複各種特定的模式——失去、被拋棄、不被尊重、不被愛等等，顯現在生命的各個層面裡。如果我們學會了和這些負面的感受同在，願意被它們不舒服的能量折磨，並且學會和它們安然共處，而不是採取不當的措施去反抗——罵人、抱怨、逃避、投訴、上癮行為等，那麼我們就在這個模式上取得了勝利，下一次就不會再墮入它的陷阱裡面，讓我們的關係緊張、情緒崩潰。而我們的這一功課，也就算是過關了。這個過程，是需要心想事成的力量的。就像《綠野仙蹤》裡面兔子告訴桃樂絲的：「如果你不知道要去哪裡，那麼你永遠不會到達。」如果我們不知道人生是有很多選擇的，我們只能受制於命運的擺弄。命運就像是考題，可能無法改變，但是我們可以改變自己面對命運的態度和回應它的方式。如果我們心目中有一個對美好生活的嚮往，那麼你就可以時時檢查你的所作所為、所思所想有沒有讓你往這個美好生活更推進一步。所以，心裡想著這個未來的美好藍圖，是非常重要的。

第二步就是要掃除阻擋我們得到我們想要的東西的障礙。這更需要我們有一顆清明的心——我在書中其實已經用列表、圖表，非常清楚地標示了這個良性思維的過程。「心想事成」是用來幫助我們創造的工具，但是我們先要掃除障礙物，那就是我們舊有的思考習慣和情緒模式。所以，它涉及一個重要的元素——改變。如果不能改變我們的思考、情緒、行為的模式習慣，那麼你怎麼想都是沒用的。而我也愈來愈相信「命中注定」一說，很多事情是命運原來就決定了的，但是我們面對它們的態度，會扭轉我們後來的命運，這在書中其實也都點撥出來了。在我「遇見」三部曲的三本書中，這本其實應該是最後一本，因為它涉及的是創造。《遇見未知的自己》可以說是喚醒，提醒大家關注自己內在的世界，《活出全新的自己》則是在幫助大家療癒原生家庭的創傷，並且平衡自己內在的男性、女性能量，最後一步才是創造。因為當你療癒了自己的創傷，你看待這個世界的觀點是不同的。比方說，以前你因為小時候受到父母的影響，尤其是父親的情感缺席，讓你對這個世界沒有安全感，所以你會一直想要追求金錢，再多也不夠。但是當你療癒好自己內在的創傷之後，你可能不需要那麼多的金錢就會感覺很滿足了。我們追求的外在的、物質世界的東西，無一不是來自內在匱乏的驅動，所以很容易像一個無底洞似的永遠填不滿。可是，當你的內在能夠感到充足、滿意，那麼，我們就會成為一個很自由的人。錢來了，我們很高興，錢走了，也不會太傷心，以此類推（有男朋友、沒有男朋友都開心等等）。

所以，這本書展現出來的是一些非常實用的技巧，我一直覺得它是一本有趣好讀的工具書，只要你能好好地把故事看完，讀懂後面的案例，並且按照最後的實操計畫好好去做，你想改變的人生的那一部分，就一定會有所變化，你的生命也會因此而改變，這是我非常樂見的。這本書出版超過十年了，到現在還在市面上流通、販售，而且銷量不錯，說明它是禁得起時間考驗的，是一部討論「如何用意念創造現實」的經典之作，希望讀者們看完之後一定要好好做後面的練習，讓自己的人生從此不同，是為我願。如果讀完之後，在實踐方面有任何的問題，歡迎到我的微信公眾號「張德芬空間」或是我的微博上留言，心誠者必定會收到回覆。祝福大家！

給讀者的一封信

「心想事成」一直是大家關注的話題，我自己對它其實有許多體悟和經驗。

從小，我就很喜歡夢想。在寂寞的童年時期，我常常一個人望著天空發呆，幻想著種種的未來，把每個細節，甚至事情發生後的感受，都在童年的青草地上身歷其境地體驗。

而我也是一個劍及履及、說到一定做到的人。做任何事情，我一定會設下一個目標，然後勇往直前地邁進，十之八九都會成功。當然，除了因為做白日夢的能力（也就是觀想能力）特別高之外，我的執行能力也很強。所以，雖然小時候家境並不富有，但我幾乎想要什麼都可以得到。

後來接觸靈修，了解所謂顯化（創造）的秘密，我才知道自己從小就開始玩這個遊戲了。現在知道了原理，當然會玩得更進階。有一次回台灣，坐在計程車裡，看到外頭是台北夏日午後典型的大雷雨，一下車衝進騎樓的瞬間，一定會淋成落湯雞。我當時便發念，讓大雨在我下車時停一會兒，別讓我淋濕了。我閉起眼睛，集中心力，發射意念，等到我下車時，雨滴真的變得稀疏。我安然到了朋友家，回頭一看，窗外又是傾盆大雨。

幾年前，我曾經寫下五個秘密心願，認真地發願，結果兩年之內，這五個心願全都實現了。但是，就像我在本書中指出的心想事成陷阱，有些願望實現之後，我發現其實並不是自己真正想要的，或者是以一種可笑的方式應驗。此外，我還付出不小的代價。如果早知道自己要付出這麼大的代價，當初是否還會發出那樣的願望呢？我可能會三思而行了。

另外一次體驗到心想事成的陷阱，是在台中參加內觀禪修的時候。當時我是第二次參加內觀，心想應該沒問題，可以熬過去。但是第一天我就後悔了，天天吵著要走。內觀中心的規定很嚴格，不讓參加者來去自如，我多次申請無效，便又使出心想事成的觀想絕招啦！我集中精神，發揮所有腦力，告訴自己：「我明天一定會離開這裡！一定會離開這裡！」結果，第二天我真的離開了──因為腹痛如絞。回到台北就醫，醫生診斷是盲腸破裂，動了個手術，休養了好一陣子。

所以，我忍不住要寫一本書跟大家分享我對於心想事成這件事的體悟和心得，特別是心想事成的陷阱和代價，不得不小心。有個朋友看了《秘密》這本書後，很有信心地發願要進帳新台幣兩千萬元。她信心滿滿地告訴我，她幾乎可以「聞到」錢的味道了。後來她回家探望正要外出旅遊的爸爸媽媽，老人家不經意地提到「旅遊保險金兩千萬」，嚇得她當場收回自己發出的願望，這種錢不要也罷！

除了要注意你會付出的代價之外，我也很想告訴大家，光靠「補」——告訴自己你很棒，而且事情會非常順利、成功——只是完成心想事成一半的工夫。真正心想事成的境界，應該是處理了自己的人生模式，知道自己真心嚮往的是什麼，而且對治了阻撓的信念，連接上你的源頭之後，自然而然發生的狀態。

同時，心想事成只是一個修行的工具和階段，並不是我們追求的最終狀態。對於初入靈修殿堂的人而言，心想事成是極具吸引力的，但是當意識層次提升到一定的境界時，我們應該知道，順應生命之流、臣服於宇宙能量的運作方式，是較為理想的狀態。這個工具最終會帶我們回到自己的源頭，在那裡，我們本自具足，不須外求了。如果宇宙給你的，就是你想要的，那麼你想要的事物就會不斷地發生在你的周遭，因為你已經和宇宙同頻共振了！

就我個人而言，我現在幾乎完全不玩心想事成的遊戲了。我每天會做的，是看看今天有哪些負面情緒升起，對應到我的哪一個模式，或是去覺察最近我哪一個人生模式特別「囂張」，然後我會寫下《遇見未知的自己》當中教大家做的解除模式宣言：「我看見我有負面的感受，我願意接納它，並放下對它的需要。」當然，本書第二部最後提供的那些解除人生模式的方法，我也是身體力行。此外，與身體連結、對情緒臣服、定靜自己的思想、看到小我的認同，這些每日必修的功課我仍是力行不輟的。

現在我還是會祈禱，尤其遇到特別渴望某件事情要如何發展時，我會這樣禱告：「親愛的宇宙啊！我很希望＿＿＿＿＿＿，因為＿＿＿＿＿＿。謝謝你幫助我，但是照你的意思，不要照我的意思。」耶穌就曾經這樣祈求天父：「父啊！在你凡事都能，求你將這杯撤去。然而不要從我的意思，只要從你的意思。」

這種祈禱，是謙卑的，是臣服的。畢竟生命是讓我們來體驗的，讓我們在種種試煉中，依然能夠表達自己來到這個世界的目的——彰顯宇宙。如果總是要這個世界上的人、事、物完全符合心想事成的要求，好像就失去了我們最初的使命和目的。

但是我相信，實現自己的夢想也是我們表達宇宙生命的一種方式。書中提到的種種方法都是有用的工具，幫助讀者成就自己的夢想。但是到達某種境界之後，我希望讀者還是能夠清楚地看到：生命是如此巨大的一條河流，我們要做的，是在生命之河中愉快徜徉、順流而行，而不是辛苦地用各種手段要求河流以我們想要的方式流動。

最後，以一句我很喜歡的話與大家共勉：

「你不可能經由一個沒有喜悅的旅程，到達一個喜悅的終點。」

不管此刻在人世間，你追求的是什麼，希望你能記得這句話，在過程中保持喜悅的心，那麼你所嚮往的事物，就會毫不費力地來到你的生命裡。

德芬

在愛和光中

再版序　你絕對可以掌握自己的命運

二〇〇七年，我的第一本靈性小說《遇見未知的自己》在海峽兩岸出版了，我在書中真誠地分享自己多年靈修的心路歷程，讀者的反應十分熱烈，讓我極其感動。眼看這麼多人在生命的某個階段，因為讀了這本書，而有了如此大的啟發和改變，在我心中，其實有更多的感恩。

很多讀者讀了《遇見未知的自己》之後，會問我：「好啊，我看到了自己的人生模式，我有很多負面情緒的困擾，以前看不到，但讀了你的書之後，我終於願意、也能夠去看見了。那下一步呢？看見了又能怎麼樣？」雖然在第一本書中我也指出了許多對應的方法，但顯然還是無法滿足各類讀者不同的人生信念和「情緒上癮症」的需要。於是，本書的第二部分「秘密背後的秘密」就是專門在分析、探討我們人生模式的成因，以及幾種特別有效的對應方式。

我一直認為，「心想事成」應該是每個人與生俱來的本事，然而，為什麼有那麼多人心想事不成，甚至事與願違呢？箇中原因來自兩層重大障礙。

第一層障礙是，從小到大，沒有人告訴我們應該如何夢想，或者鼓勵我們讓夢想成真，一般的教育都注重外在一步一腳印的扎實功夫，不可以好高騖遠。當然，腳踏實地一點也沒錯，關鍵就在於，我們忽視了心靈的力量，也忽視了這個有形世界其實是受無形世界所操控！

第二層障礙是，我們不但沒有養成培育自己內在世界的習慣，還塞了很多錯誤信念在我們的潛意識裡。這些錯誤信念就像一套自動導航系統，在潛意識層面掌管我們的人生，所以表意識上的發願、立志，根本沒有用！

多年前，英國有一個馬戲團失火，燒死了幾頭大象。在收拾善後時，有人發現，那些大象只是被一根細繩拴在一根細木杆上，然而，牠們卻眼睜睜地看著火苗上身，也不會邁出一步。這個慘劇發人深省，至少讓我非常感慨，因為就某種程度和某些方面來說，我們無異於那些從小就被細繩制約的大象。

打從童年起，我們從周遭環境，包括街坊鄰居、父母、親友、老師、同學那裡吸收了許多資訊和看法，有些在當時對我們是有幫助的，有些則是無用的（或者說是錯誤的）。由於從小那些資訊和看法就深埋在我們的潛意識裡，已經變成所謂的信念，我們從來沒有檢視它們的有效性和真實性，所以一直無意識地受它們操控，進而影響自己一生。

這些年，國外很流行「心想事成的秘密」和「吸引力法則」這些話題，教大家如何成就自己的夢想。國內也出版了很多相關書籍，談到一些學校教育遺漏、忽略的部分：每個人都有夢想的權利。書中也傳達了許多秘訣、方法，幫助大家發願、觀想，然後實現夢想。

這些書籍處理了我所說的第一層障礙，但是根據我的親身經歷，我覺得應該再補充一些重點。這些書忽略了運用心想事成技巧必須注意的細節和陷阱，此外，關於第二層障礙——化解人生模式，這些書也只是蜻蜓點水地帶過。如果光是觀想正面事物，而不先清除自己內在的垃圾，效果可能有限。對我而言，解除自己的人生模式反而是心想事成最重要的關鍵。這說明了為什麼一般的心想事成技巧有時可以成功（雖然機率不大），有時卻事與願違。

在本書的「緣起」中，我以一個天方夜譚般的童話作為全書故事情節和架構的基礎，引出了平民百姓阿南尋找人生秘密的故事。

而在第一部「學習心想事成的秘密」中，我把最近幾年出版、與心想事成這個話題有關的各類書籍做了總整理，以趣味性、故事性的方式表達，並補充了許多心想事成步驟中應該注意的細節，以幫助有心的讀者學習較完整的發願、夢想功夫。

第二部「秘密背後的秘密」除了探討如何消除從小制約我們的各種模式之外，也談到心想事成的一些陷阱，許多都是我親身經歷過的（請看「給讀者的一封信」）。想要玩「心想事成」這個遊戲的讀者，務必先了解這些遊戲規則。

當初這本書出版之後，我又特別寫了一本實作指南《今天我會心想事成》，根據我的親身體驗，提供一個「心想事成三十天實踐計畫」，一步一步帶領大家找出真心想要的夢想，並挖掘出自己的限制性信念和人生模式。我也舉出幾個生活實例，方便大家「對號入座」，找出阻礙夢想實現的真正原因。這次推出這本全新增訂版，我把《遇見心想事成的自己》加以濃縮，然後把《今天我會心想事成》的三十天實踐計畫一併納入，成為完整的一冊。前面談理論，後面則是具體的實踐方法。

本書除了供個人發願、實踐以外，也特別適合職場人士針對自己工作上的困境發出改變的心願，由內而外地塑造自己想要的職場環境和工作成果。當然，如果可以透過一個團體共同成就一個集體的願望，願力會更強大，實踐的速度也會快很多。

與此同時，你必須知道自己真心想要的是什麼，設定「意圖」，進而發願，這是非常重要的。就像船在海上行駛，有了意圖就有了方向，也有了動力，而限制性信念和人生模式就像纏住船身的水草，必須加以清除。建議在團體發願、實踐的時候，可以設定一個共同意願，然後每個人針對自己特有的限制性信念進行「清除」的工作，如此一來，這艘船的動力會變得無比強大，很快就能看到成果。

最後，我以最大的願心，祝福大家可以心想事成，得到幸福快樂的人生！

P. S.當你實現夢想的時候，別忘了與我分享你的喜悅。

內在空間：http://www.innerspace.com.cn/f/index

德芬的部落格：http://blog.sina.com.cn/tiffanychang

德芬的微博：http://weibo.com/u/1759168351

—— 緣起 ——

從一個
遙遠的故事說起

我們每個人的人生模式都是經過長年累月的習慣養成的，

每天，我們在不知不覺中按照它的方式過生活。

天剛微亮的時候，二十二歲的農夫阿南在山城國山腳下的一塊田裡開始耕作。他看著自己費心栽種的山蘑菇，不由得搖頭嘆息。阿南的父親在兩年前過世，現在家裡就剩阿南和媽媽、姊姊相依為命。從兩年前開始，為了增加家裡的收入，阿南改變了父親以往只栽種大米的方式，試著在自家田裡栽種一些經濟效益高的農作物，但卻屢屢失敗。這次的山蘑菇，一個個看起來短小精悍，但卻不是市場熱銷的高大粗壯的蘑菇品種，眼看這一年的收成又賣不到好價錢了。

阿南看著遠方升起的朝陽映照著春意盎然的田野，隔壁大嬸的話此刻在耳際迴響：「你看看那個阿信，生意做得多好，賺了不少錢哪！就連你家對面的大春，他的田裡可是種什麼就大賣什麼，你啊！」從小看著阿南長大的大嬸眼裡流露出失望和憐憫，「就跟你爸一個樣，不是種田的料！」

「那我還可以做什麼呢？終其一生就守著這塊田嗎？」阿南覺得心中非常鬱悶，但又好像某種感覺在蠢蠢欲動。正在納悶時，村裡的一群兄弟們呼嘯而過，看到阿南，不由分說地扯著他往前走。阿南納悶今天這群人怎麼起得這麼早，只聽見大春吆喝著：「走吧！走吧！公主招親，我們碰個運氣，看誰有這個豔福！」阿南心一動，不自覺地就跟著大夥兒往皇宮走去。

這時曙光乍露，但宮廷廣場前已經擠滿了黑壓壓的人群。這次公主的公開招親史無前例又來得突然，但尚未說明到底是採用什麼方式，所以大家都一頭霧水。阿南一群人好不容易竄到了最前頭，他們和其他人一樣，引頸盼望著公主出現。

據說月葉公主有天仙般的容貌，在她的眉梢上，有一小片和薔薇花瓣形狀、顏色都相近的胎記，讓人悠然神往。可是全國還沒幾個人有幸親睹她的風采。

突然間，廣場的群眾安靜下來，豔光四射的月葉公主翩然出現在樓台上。

公主清澈美麗的眼睛橫掃廣場一周，緩緩開口，聲音清脆好聽，如黃鶯出谷：「幾個月前，有人上貢一隻會說話的小鳥給我玩賞。這隻小鳥說：『在大山之西，碧海之東的遙遠地方，有一個神秘國。這個國家的人們藏有一個鎮國之寶，傳說得到這個寶貝的人，就會擁有真正永恆的幸福。』所以，」公主停頓了一下，看著廣場上的人們，「這次招親的條件就是：誰能找到這個秘密之寶，並且把它帶回山城國，我就嫁給他。但是你們只有一年的時間去完成任務。」說罷，公主頭也不回地走了。

廣場上原本安靜無比的群眾，一下子就像炸開了的鍋一樣，七嘴八舌，議論紛紛。阿南這時就像做夢般失了神，他的心思早已跟著公主進了後宮，飄向雲深不知處……

「啊！美麗的公主，要我為你做什麼都可以……」阿南這顆少男之心，早已唱起了美麗的情歌。

「喂，阿南，發什麼呆啊，還不回家去種田！」旁邊的兄弟們狠狠地拍了阿南的腦袋，才喚醒了兀自做著美夢的他。

山城國內，全國的年輕人都蠢蠢欲動準備出發。這個追逐寶藏的遠行，讓整個山城國籠罩在離別的氣氛裡。阿南的幾個兄弟們發現，平時最腳踏實地的阿南，這次居然也要加入長途跋涉的隊伍，去尋找一個虛幻不實的寶藏。

「你沒搞錯吧？」阿南的大姊關心地問。

「我會把秘密找回來的！」平時沉默寡言的阿南，這時卻有著無比堅定的信心和勇氣。

媽媽看阿南去意已堅，拿出一件壓箱底的傳家之寶——項鍊，上面有隻玉石雕刻的蟬：「這是你爸爸留給你的遺物，本來要等你結婚時給你。現在你先戴著，不管遇到什麼困難，記住你爸爸的話——遇到事情要沉著定靜。」

翌日，天還沒亮，出發探險的人們已經迫不及待地齊聚在西城門外，雞一報曉後就立刻動身。

一大群人走走停停，只見一路上植物愈來愈稀少，土地愈來愈貧瘠，最後竟然走到了一望無際的沙漠。大家的乾糧吃得差不多了，水也一路耗盡，很多人忍不住開始抱怨：「什麼東西？什麼神秘國？老子這條命都要賠上了！」「就是嘛，這樣走，要走到什麼時候，我真的受不了啦！」隨著眾人的咒罵聲，遠方地平線上居然出現了一些東西，但遠遠望去，卻看不清楚。

前方的未知，激起了眾人的興趣，大家加快腳步，很快到了那堆物體的所在地。大家都嚇呆了。顯然這是一個駱駝商隊集體死亡後遺留下來的殘跡——累累白骨間，數不盡的金銀財寶、綾羅綢緞散在地上、埋在沙裡。很多人立刻撲上去，將大把大把的財寶放進自己的行囊。阿南的幾個兄弟們也忍不住要開始行動，被阿南制止：「這不是屬於我們的財寶，不可以拿！」有些人聽了阿南的話，遲疑了一下，可有些人不管那麼多，嘴裡喊著：「不拿白不拿，你這個笨蛋！」就立刻下去搶奪。說時遲，那時快，那些抓了珠寶的人突然在地上打滾，好像財寶上沾了劇毒似的。

阿南嚇呆了，想上前相救，但又不敢，幾個動作慢還來不及奪寶的人，拉著阿南逃離現場。大夥兒一路向西狂奔。好不容易來到沙漠邊的一處綠洲，這裡有不少果樹，長著纍纍的果實，足以餵飽這些又渴又飢的人。眾人驚魂甫定，紮營過夜。阿南看整支隊伍從出發的數百人，現在只剩下幾十個人了，不由得心裡難受。

第二天清晨，大家走出沙漠繼續趕路，雖然一路都有花果綠樹，可是溫度卻愈來愈低。有些人凍得受不了，又開始埋怨：「還要走多久啊？值不值得這樣做呢？」脆弱的男人，甚至開始哭泣：「我要回家！我不要找什麼秘密之寶了！誰稀罕娶那個公主啊！」還有人抱怨：「光聽一隻笨鳥說的話，就要我們冒這麼大的生命危險，太不值得了！」

阿南忙著安撫大家，其實心裡也是七上八下。走入深山時，遠處傳來陣陣的狼嗥聲。在一個山窩轉彎處，一群黑壓壓的狼把大夥兒團團圍住，大家嚇得屁滾尿流，有些人抓狂了想往外跑，轉眼就被狼群吞食，情況實在危急。

阿南突然想起父親生前的叮嚀，遇到緊急事情一定要保持定靜。他拿起胸口的項鍊，告訴自己：「定靜！定靜！」在一團混亂中，阿南選擇坐了下來，閉目觀心，與外在的嘈雜和遭遇完全隔絕。這時候，天空下起雪來，愈下愈大，把阿南層層包住，直到他變成了一個雪人。

阿南從昏迷中清醒時，一個十七、八歲的女孩正顧著屋裡燃燒的柴火。一看到阿南醒來，就大喊道：「爸爸、爸爸，他醒了！」只見身旁有位大叔急忙跑來，滿臉的鬍鬚，以關心、和善的眼神看著阿南。

阿南啞著嗓子問：「我的同伴呢？」

女孩說：「你的同伴都被狼吃啦！我們看到你的時候，你像個雪人似地坐在那裡，還以為你是假人呢！」

阿南心頭一緊，眼淚差點就要掉下來。失去了夥伴，對心地善良的阿南來說，

比達不成任務還讓他痛苦。但他還是不忘此行的目的，又問：「你們聽說過神秘國嗎？」

大叔搖搖頭，女孩也好奇地歪著頭看他。

「哦！」阿南失望地閉上眼睛，看來還是沒到達目的地。

經過幾天休養，阿南覺得好多了。勉強下了床，準備向女孩阿嬌和大叔告謝辭別。

阿嬌著急地想留人，急中生智，突然說：「那你看完了今晚我們一年一度的『心想事成大賽』再走！」

阿南聽了心頭一震，連忙問：「心想事成，那是什麼？」阿嬌一撇嘴，不知如何回答。

大叔倒是答話了：「『心想事成』是我們的太后在兩年前開始教導全國人民的一種心法。」大叔愈講愈興奮，「基本上，你學會它以後，就萬事亨通，想要什麼就有什麼！」

阿南一聽，心裡立刻暗想：「難道就是這個？這就是公主說的秘密之寶？」連忙問道：「你們國家叫什麼名字？」

大叔不知所以地回答：「甚美國！」

「啊！」阿南恍然大悟，就是這裡了！找到了！小鳥口齒不清，把「甚美國」講成「神秘國」，這個國家有個鎮國之寶的秘密倒是沒有錯！

阿南興奮地問道：「你說的這個『心想事成的秘密』，究竟是什麼？」

大叔開始有點警覺，謹慎地回答：「很抱歉，太后有令，這個秘密不能外傳，除非你去見太后，親自求她。我們太后很慈悲，她可能會答應你的請求也說不定呢！」

「那什麼時候可以見到太后呢？」

「嗯，」大叔沉吟著，「今晚比賽的會場可能有見到太后的機會，我還有一個女兒，她是太后很寵愛的宮女，我幫你捎個信讓她通報。可是，太后怎麼願意隨便見你呢？」

阿南低頭想了一下，突然靈光一現：「你就告訴太后，貴國的秘密已經被一隻小鳥傳到了遙遠的山城國，有人想要把詳情稟告太后。」

大叔一拍腿：「好！就這麼說！」

太陽漸漸下山了，人群慢慢往城中心的四方街聚集。阿南、阿嬌和大叔三人也緩步走向城中。一路上，阿南常常看到人們面帶微笑，坐在地上閉目養神。感覺這個國家的人民活得很知足，但是街上的商店卻很少開著，路上的人們也都懶洋洋的，給人一種蕭條、低沉的感覺，和阿南居住的山城國相比，好比一個是朝日，一個是夕陽。

三人來到四方街，這裡已經搭起一個高台，台上放了一張長桌，參賽的三位人士都已就座入位，等待宣布比賽開始。

一切準備就緒，一名長相威嚴的男子大聲宣布：「甚美國一年一度的『心想事成大賽』就要開始啦！首先，請參賽者觀想出一顆金色的圓球，上面要有七彩的光芒！」

阿南小聲問大叔：「這是在做什麼？」

大叔神秘地笑笑說：「這些人心想事成的能力已經爐火純青，可以把思想、意念幻化成物質。」

只見三位參賽者閉目沉思，可以感受到他們都是全神貫注、全力以赴。

不久，三人各自的桌前，都逐漸浮現出一個金色的光球，但大小不一，色彩也不一致。

台下的觀眾爆出熱烈的喝采，一個個是又羨慕又崇拜的表情。一旁有人拿著三個人的作品到後頭給太后檢視，判定哪一位「想出來」的金球最棒。

這時候，有名男子走到大叔身邊，使了個眼色，悄悄說了幾句話。大叔點點頭，轉過頭來，喜滋滋地告訴阿南：「走！太后願意見你了！」

那名男子領著三人進屋，讓大叔和阿嬌在中心的庭院等候著，把阿南帶到東邊的一間屋子裡。

不一會兒，阿南看見門外走進一位儀態萬千、相貌莊嚴的女子，屋內的侍從及宮女立刻下跪請安：「太后好！」阿南也急忙低頭下跪。待太后坐定，阿南才敢抬起頭來。只見太后臉上罩著薄紗，看不清長相。

「聽說山城國知道了我們國家的秘密？你們都知道了些什麼？」太后開門見山地問，聲音冷酷而僵硬。

阿南老實地把事情的經過從頭到尾交代清楚，還忍不住強調：「我們的公主美若天仙，她的眉梢上，有一小片和薔薇花瓣形狀、顏色都相近的胎記，更是令人嚮往……」

「啊！」太后聽了大吃一驚，低頭不語，許久之後，她抬起頭來厲聲地說，「我們國家的秘密是絕對不可以外傳的！」阿南掩不住滿臉的失望而低下了頭，「但是如果你答應我一個條件，我就傳授你『心想事成』的秘訣！」

阿南又驚又喜，不知道太后葫蘆裡賣的是什麼藥。「你回山城國去，把你們的公主帶回來，我就將我們的秘密傾囊相授於你。」

阿南一聽，覺得事有蹊蹺，只得回答說：「我請求您先教我『心想事成的秘密』，這樣我才能取信於公主，讓她隨我前來。」

太后心頭一緊，說：「先教你？你學會了以後還會回來嗎？你以為我有那麼傻嗎？」

阿南試探地問：「那您至少先讓我學習一段時間，我才能取信於公主，帶她過來啊！」

太后又低頭沉思，然後下定決心地抬起頭來：「好！我答應你！」

「還有……」阿南不死心地請求，「我需要知道您為什麼要我帶公主過來，要不然，身為國民，我不能讓公主隨便冒險。」

太后嚴厲地盯著阿南半晌，最後終於嘆口氣，解下了臉上的面紗。

「啊！」阿南驚呼，原來太后的眉梢上，有一塊胎記，和公主臉上的胎記一模一樣！

他詫異地看著太后。太后點點頭：「是的，她是我失散了二十年的女兒！拜託你把她帶回來。」太后已經開始哽咽，「我會讓你到我國教授『心想事成』秘訣的『神秘學院』學習，然後提供飛天寶馬和兩件寶物給你，幫助你達成任務。」

阿南跪地感謝太后，並保證：「我一定會把公主帶來見您的，請放心！」

—— 第一部 ——

學習
心想事成的秘密

接收宇宙的訊息，達到心想事成

真正把你想要的東西帶到身邊的，是宇宙的力量。
在適當的時機，你必須放手，讓它接管。
你要留意宇宙給你的訊號，
然後抓住它為你帶來的每一個機會。

01

神秘學院的煉金師

主宰一切的無形世界

外在有形的世界，是由內在無形的世界掌控的，但我們的行為和思想都只專注在表面——只看我們看得見的東西，只活在肉眼可見的世界裡——而不關注主宰一切的無形世界。

阿南辭別了阿嬌、大叔，就拿著簡單的行李到神秘學院報到。興奮之餘，不免有些忐忑不安。原來月葉公主不是國王的親生女兒，國王知道嗎？月葉公主絕對不知道。知道之後，她會怎麼樣呢？太后為何在二十年前失去公主？為什麼多年來都找不回自己的女兒？阿南總覺得不太對勁，但又說不出來問題何在。一路想著，已經來到了神秘學院的門口。

阿南以為神秘學院會像魔法學校那般，不但建築奇特而且布置得神秘兮兮。走到門口一看，卻只是一棟稀鬆平常的兩層樓建築，一樓是大廳，二樓是宿舍，簡單平凡。大門口有位小男孩接待阿南進入學校，帶他找到自己的床位，並示意他到樓下大廳集合。

阿南進入大廳，看到廳內有幾十個學生在聊天說笑，看來彼此非常熟悉。阿南剛走進去，大家突然安靜了，幾位學生開始竊竊私語，有些人的眼光並不友善，帶著嘲弄的意味。畢竟能進神秘學院都是甚美國的貴族，阿南是個異鄉人，又是個土頭土腦的老百姓，當然受人注目。阿南不好意思地低下頭，避開眾人的目光。

有個臉圓圓、梳著兩條小辮子的女孩，和善地前來打招呼：「你是阿南吧？我是阿秀，你的同學。」阿秀大大的眼睛笑起來就彎成半月形，十分好看，嘴角還有個小梨渦。阿南不由得看呆了，不知該如何回話。阿秀看看他，又笑了起來，拉著阿南到前面的位子坐下。阿南紅著臉抽回被阿秀牽著的手，坐定之後，才開始打量這個大廳。

大廳周圍有很多植物，排列得相當整齊，有的植物長得非常茂盛，有些卻幾近枯萎，卻都並排放置。另外，大廳的角落擺放了很多奇怪的儀器、用具，阿南從未看過這些物品，也不知道它們的用途。總之，這個地方的氣氛和布置都有點奇怪。正納悶的時候，台上突然出現一位穿著黑袍的煉金師。他犀利威嚴的目光一掃全場，整個大廳立刻鴉雀無聲。

煉金師舉起雙手，兩隻大袖子也隨之揚起：「歡迎你們來到神秘學院！」聲音洪亮有力，尾音還在大廳中縈繞了一會兒才消逝。阿南偷瞄一眼身旁的阿秀，只見她俏麗的臉上流露出嚴肅而崇拜的表情，彷彿被台上的煉金師催眠了。

「我是神秘學院的負責人，這裡每一期的學生都由我教授。」煉金師如電光般的眼神又一次掃描全場，看到阿南，停頓了一下，「你們可以稱我為煉金師，因為，我在這裡要教你們的，就是心想事成的煉金術！」

台下起了些微的騷動，畢竟煉金術和心想事成皆是人人夢寐以求的啊，全場的人流露出按捺不住的興奮之情。

煉金師再度舉起雙手示意大家安靜，然後宣布：「我們的課程為期兩週，最後會有一個大考驗。通過考驗的人，就可以獲得最終的秘密，並且得到神秘學院的結業證書和勳章。」看到同學們已經摩拳擦掌，迫不及待地要爭取成功，原本心情沉重的阿南不由得也興奮起來。

「在神秘學院的這幾天，我要求你們做最好的自己，拿出最好的態度、最好的特質、最好的能量，做最好的參與。」煉金師語重心長地看著大家，「這樣，你們才能把這裡學到的東西帶回日常生活裡，並充分發揮出來！」

台下立刻響起熱烈的掌聲作為回應。

煉金師看看大家，又開口說：「這個世界有很多自然法則，像這塊石頭，」說著，他舉起一塊小石頭，手鬆開，石頭落地，「我手放開，它就一定墜落地面。另外還有太陽早上升起、晚上落下，以及季節的更替，都是不變的自然法則，鐵的定律。另外，」煉金師加重了語氣，「還有一個重要的自然法則，」他指著身邊最近的一棵樹，「如果你對這棵樹結的果實不滿意，你會怎麼做？」

同學們七嘴八舌地開始議論，有人說水澆得不夠，陽光給得不足，土壤可能不對，也有人說根部可能生病了。

煉金師銳利的目光嘉許地看著大家，點點頭：「沒錯，你們剛才舉出了種種原因，陽光、水分、土壤和根部的問題，但大家是否注意到，這些全是無形的？」

全班同學都有點困惑，這些都是我們能看見的，怎麼是無形的？

煉金師解釋：「雖然我們能看見它們，但它們對樹的作用過程是無形的。你看得見樹如何吸收陽光和水分嗎？你看得見土壤如何影響樹的根部嗎？」

大家很有默契地搖搖頭。

煉金師一拍手，嚇了大家一跳：「那就對了！我要談的這個重要法則就是：**外在有形的世界，是由內在無形的世界掌控的。**」

接著他解釋，這個世界上，我們眼睛看不見的東西，威力其實遠勝過看得見的事物。他說：「如果不承認這個原則，你一定會吃虧，因為你違反了自然定律。人類也是大自然的一部分，就像樹木，我們的根源，就在我們的內在世界。」

「所以，」煉金師語重心長地說，「我們今天想要學習『心想事成的秘密』，首先就要知道，為什麼我們得不到想要的東西？為什麼那麼多人辛苦工作、打拚，卻還是無法成就他們的願望和夢想？」全班鴉雀無聲，煉金師的話打入了每個人的心坎裡。

「因為，我們的行為和思想都只專注在表面——只看我們看得見的東西，只活在肉眼可見的世界裡——而不關注主宰一切的無形世界。」

那麼，究竟什麼是無形的世界呢？煉金師賣了個關子，讓大家回去好好想想。

02

萬事萬物的振動頻率

無形影響有形的法則

世上的萬事萬物是由不同振動頻率的能量所組成，而且會互相影響，無形操控有形。

第二天一早，大家聚集在大廳，熱烈地討論什麼是煉金師說的無形世界。既然眼睛無法看見，那應該是我們的心智、情緒、思想等這一類吧。為什麼這個有形世界是由無形世界掌管呢？大家百思不得其解。

有個壯丁阿勇覺得，照理說，是我們的行為在主宰世界，不然房子是怎麼建造成的？田地是誰耕種的？但阿秀不以為然，旁邊另一位秀外慧中的女孩阿娥也說：「我們的行為是內在的思想、性格所產生的啊！」

阿南一聽，覺得很有道理，也接著說：「對啊！我們的行為只是連接內在世界和外在世界的橋梁吧！」

阿勇不願在兩位美麗的小姐前服輸，正想辯駁，煉金師進來了。

他一句話也沒說，拿起一支大毛筆，在貼在牆上的大字報上畫圖，並寫上幾個字。他的字蒼勁有力，如同他的話語般具有分量。

世界是由無形和有形的層面組合而成的。

心理層面
物質層面
心靈層面

「物質層面，」煉金師指著圖中間的那塊餅，「只是心靈層面和心理層面運作的結果而已。而心理層面是什麼呢？」他看看學生們。

「是指我們的心思、情感、想法這些內在發生的東西吧？」阿秀舉手謹慎地回答。

「很好，」煉金師滿意地看著阿秀，「但是我們的內在還不僅止於此吧！」他指指心靈層面的那塊餅。

全班你看我，我看你，誰也接不上話。

煉金師笑笑，帶著諒解的笑容繼續解釋：「心靈層面，就是讓心理層面得以存在的空間，它不會隨著你的肉體死亡而消失。它經由心理層面，而顯化到了物質層面。」看學生們滿頭霧水，煉金師適可而止，接著說，「你們以後慢慢體會就會明白了。現在你們只要知道，無形的層面對有形的層面有著無遠弗屆的影響就夠了！」

學生們鬆了一口氣。

「現在，」煉金師說，「讓我們來看看，無形世界是如何影響有形世界。」說完，他轉身在大字報上寫下一個公式：

思想→情緒→行動→結果

煉金師以鼓勵的眼神讓大家發言。

阿娥說：「我們的所思所想，也就是我們看事情的角度，會影響我們的感覺，因此產生相對應的情緒。」

阿秀接著說：「情緒是行動的原動力，讓我們決定要採取什麼方式來應對當時的情況。當然，你的行為會造成一些後果，行為就是連接內在世界和外在世界的橋梁。」說到這裡，阿秀嬌羞地看了阿南一眼，阿南也不好意思地低下頭。阿勇在旁邊露出不屑的表情。

「沒錯，」煉金師很滿意，「這就是無形顯化為有形的過程，也是每個人創造自己生命的過程。在神秘學院，我們會學到如何掌控這個過程，好讓我們心想事成。」這時，大家立刻興奮起來。

煉金師又鄭重其事地在大字報上寫下「吸引力法則」五個大字，然後正色地對大家宣布：「這是我們神秘學院教導大家最重要的一個法則，它也印證、支持了『無形影響有形』的法則。」語畢，台下的學生們不由得皺起了眉頭。

「我知道你們不懂，」煉金師說，好像在回應大家的困惑，「首先我們必須了解，世上的萬事萬物都由能量組合而成，能量是一種振動頻率，而每樣東西都有它不同的振動頻率，所以才出現了那麼多不同面貌的事物，無論是有形的桌子、椅子等，還是無形的思想、情緒等，都是由不同振動頻率的能量所組成。」

看到阿南和幾位同學依然皺著眉頭，煉金師繼續說：「不懂的話，我來證明給大家看。」

這時煉金師下了台，走向放了很多奇怪物品的角落。他拿起兩根L形的長鐵絲，較短的一端是個把手，上頭套了一條塑膠管，所以鐵絲較長的那端可以自由轉動。煉金師雙手拿著這對奇怪的魔法棒，指向前方，喃喃地說：「向右轉，向右轉。」果然兩支棒子立刻向右轉去。煉金師又說：「分開！分開！」這時候，兩根棒子分別向左右指去。大家睜大眼睛看著，不知道這是什麼把戲。

煉金師放下棒子，然後告訴大家：「**我們的意念、思想是有能量的，它們的能量振動會影響其他東西**，就像這兩根鐵絲棒，它的振動頻率會受你的思想振動頻率所影響，因而產生一定的動作。」煉金師繼續指著大廳兩旁的樹，「這些樹木是你們前期同學實驗的結果，那些長得茂盛濃密的，是每天接收很多正面的讚美和關懷的結果；而那些幾近枯萎的，就是不受人理睬或聽到惡言相向的結果。

「這些都在為你們闡釋，**萬事萬物是由不同振動頻率的能量所組成，而且會互相影響，無形操控有形**。現在，我來示範一下吸引力法則。」煉金師又回到神秘角落，拿起來許多金屬類的叉子，一支支大小都不同。煉金師把它們全部豎立放直，然後敲響其中一支音叉。音叉發出清脆的高調樂聲，縈繞不散，煉金師又再輕敲一下，聲音更大了。沒多久，阿南聽到其他金屬叉子中，有一隻也發出了同樣高調的樂聲，兩個聲音互相應和，居然還有共鳴，愈來愈大聲。過了一會兒，煉金師用手摸一下兩隻音叉，它們的聲音就戛然而止。

「這就是吸引力法則：**振動頻率相同的東西，會互相吸引而且引起共鳴**。」煉金師簡單地下了這個結論，「你就是這個世界上最強的磁鐵，你這裡的東西，」他指指自己的腦袋，「會發散出比任何東西都還要強的吸力，對整個宇宙發出呼喚，把和你振動頻率相同的東西吸過來！」

煉金師接著針對「吸引力法則」又舉了許多例子，談到我們個人思想和情緒對周遭人、事、物的影響，最後宣布了這幾天大家要完成的功課。

03

歡樂樹和愁苦樹

覺察自己的感受

思想會決定你的頻率，而情緒則會告訴你，你正位於什麼樣的頻率上。所以，情緒或感受是我們探察自己是否散發正面能量的最好工具。

下課時，阿南還是愕然地坐在原位，不知該怎麼辦。旁邊的阿秀拉拉阿南的袖子說：「走，我們去那邊看看！」

煉金師交代學生，每天上課之前和下課之後，都要向大廳最後面那三棵樹報到，和它們打招呼。阿南覺得自己都快變成神經病了，不但聽了一堆奇奇怪怪的道理，現在還要跟樹說話？

不過，阿南突然想起，他老家的稻田，總是比其他家的稻田更豐收，而且稻米也長得較大。以前鄰居老是羨慕他家的土壤較為肥沃，但是阿南想起，自己從小就很喜歡唱歌，阿南的爸爸種田時也喜歡唱歌，是不是稻米聽了歡樂的歌聲後，會受到頻率振動的影響而長得特別好呢？

想著想著，兩人已經來到煉金師指定的三棵樹前。阿南這才注意，大廳周圍的樹，都是三棵一組聚在一起。三棵樹之中，總有一棵樹長得特別好，據說這是「歡樂樹」，學生們必須每天和它快樂地打招呼，說些開心或讚美的話，而且要超過十七秒，因為煉金師說，當我們全神貫注十七秒在一件事或一種情緒上時，振動頻率才會開始作用。至於最接近枯萎的樹，則是無人理睬的樹，不過每天還是有人澆水施肥，而且它所接收到的陽光和其他兩棵樹都是相同的。

阿秀碰了一下阿南，示意他可以先開始，然後她就退到一旁，讓阿南獨自和樹說話。首先阿南試著惡聲惡氣地跟「愁苦樹」說了他心裡的憂慮，還有想家的痛苦，說著說著眼淚都快掉下來了，要不是阿秀在遠處觀望，他差點就要抱著樹痛哭失聲呢。過了十七秒，阿南覺得心情特別沉重，壓得他喘不過氣，非常難受。還好阿秀提醒他，該換樹了，阿南才慢慢地離開愁苦樹，站了好一會兒才回神過來。

接著，他站在「歡樂樹」前，盡量試著想些快樂的事情，想起媽媽做的手抓餅，家裡的大狗阿黃，還有美麗的月葉公主。很快地，阿南就能對「歡樂樹」描述一些讓自己快樂的事情，也能讚美它，並且對它表示感激。同樣地，阿南到後來也沉浸其中，捨不得結束呢！

阿秀對著樹說話時，阿南看到有些同學已經開始練習魔法棒了。這是今天下午的作業，煉金師規定每位同學都要試著集中意念，讓魔法棒聽從自己的指揮。明天早上有個測驗，就是要檢驗大家能否對魔法棒控制自如。

煉金師說：「思想會決定你的頻率，而情緒則會告訴你，你正位於什麼樣的頻率上。」接著他又說，「好的思想和正面的情緒，它們的振動頻率是很高的，經由你把它們散發到宇宙中，它們就會吸引振動頻率相同的正面人、事、物來到你身邊，反之亦然。」

其實，阿南剛才在和樹交流時就已經體會到了。當他想到自己前途茫茫，不知什麼時候才能完成任務回家，他感到烏雲壓頂、沉重不堪。緊接著情緒愈來愈差，進而感覺到「愁苦樹」似乎會回應他，讓他萌生更多悲觀、負面的思想。

而當他改變思想，想到美好的事物時，身體自然覺得輕盈，心情愉快，和「歡樂樹」在一起甚至有飄飄然的感覺。可是，這兩棵樹原先可是一模一樣啊，它們的名字，還有它們後來反應回來的情緒頻率，都是我們為它們加上去的啊！想到這裡，阿南好像有點搞懂了，原來我們的思想這麼有力量，這麼重要啊！

不過，每天腦袋裡的思想如此多，我們怎麼可能一一觀察它們，決定哪個是高頻率，哪個是低頻率的思想呢？要是每天都坐在那裡清算哪個念頭是正面的、哪個念頭

是負面的，那不是什麼事都不用做啦！阿南把這個疑問提出來，看看阿秀有沒有什麼想法。

阿秀剛剛完成她的三棵樹作業，聽到這個問題，笑得梨渦深深的：「老師說過啊，不用去管你的思想，只要覺察你的感受就好了啊！」

「覺察自己的感受？」阿南從沒想過要這麼做。每次在特殊情境下，像第一次看到月葉公主時的失神、離開母親踏上尋寶之途的離愁、看到同儕因貪財而死亡的傷心、被狼群包圍時的恐懼、找到神秘國時的興奮，他就只是沉浸在當時的情緒中，絲毫沒有想過要「往內看」，去體察一下自己在那一刻的內在感受是什麼。他完全進入當時的情緒裡，因而迷失了自己。

「是啊，」阿秀微笑，彎彎的眼睛閃耀出美麗的光芒，「所以，**情緒，或是感受，就是我們探察自己是否散發正面能量的最好工具！**而且，」阿秀深深地看入阿南的眼睛裡，「負面感覺和負面思想是孿生兄弟，在想著美好的事物時，你的感覺不可能很糟糕。同樣地，你感覺良好時，想著的不可能是負面思想。」

阿南若有所悟地點點頭。阿秀說：「走，我們該去試試音叉了。」

兩人準備去玩音叉，正往那裡走時，一位高大的同學擋在阿秀面前，嘻皮笑臉地問：「小姐，你的振動頻率怎麼會跟這個傻小子湊到一塊呢？應該和我阿牛共振才對啊！」阿勇也在旁扠著腰等著看好戲。

阿秀寒著臉，瞪了他一眼，冷冷地說：「就是跟你不同！」說完便拉著阿南往前走。

阿牛拉不下臉，再度擋在兩人面前，還伸手去抓阿秀的辮子。阿秀一煩，借力使力，一個轉身就把阿牛龐大的身軀摔得老遠。阿牛以狗吃屎的姿態跌在地上，惹得其他人哈哈大笑，只有阿南驚訝地看著阿秀，不知道她這一身功夫從何而來。

阿秀拍拍手，看著阿南的一臉錯愕，甩甩她的兩條小辮子，詭譎一笑說：「我從小就是放牛的。」

04

大自然的振動頻率
秘密轉移物

大自然的振動頻率，是最接近我們本來面目的振動頻率，所以，只要和大自然有回應、共鳴，它就是我們最好的「秘密轉移物」。

阿南花了很多時間練習指揮魔法棒，他發現，當他發揮定靜功夫，集中心力與魔法棒溝通時，魔法棒會特別聽話。有時，他甚至覺得自己和魔法棒好像合而為一，魔法棒變成他手臂的延伸，可以隨意轉動……等他回過神來，周遭的人早已走光。阿南覺得很新奇，無形的內在居然真的可以指揮外在，自己從未嘗試過。他決定出外去河邊散散步，好好消化這幾天學到的東西。

看著波光粼粼的小河，聽著遠處不知名的鳥叫聲，天邊的晚霞散放出阿南熟悉的萬丈光芒，每日他在田裡耕作時，都會盡情地欣賞黃昏的彩霞，因為他知道該回家吃飯了。此刻阿南發覺自己又開始懷念起家鄉。不知道媽媽、姊姊可好？家裡的田地如何？自己究竟為何會變成現在這種狀況？

阿南想起老師說過，創造的過程造就了每個人的命運。當初他一見到公主，驚豔之餘，根本不假思索就踏上了尋寶之途。欣賞、愛慕公主是一種情緒吧？這樣的情緒讓他採取行動加入追逐者的行列，結果就是今日在神秘學院學習秘密，希望能以秘密換得公主的青睞，最後迎娶公主，還可以繼承王位——阿南打了個冷顫。沒有！沒有！我沒有想這麼多！到底是什麼思想讓我有後面這一連串結果的？

阿南思索了一會兒，突然想到，他看到公主的那一剎那，確實有一個思想，那就是：如果能娶她為妻，擁有她，那該多好啊！阿南一拍大腿，對啊！如果看到公主，只是像我看到天邊的晚霞，欣賞、仰慕，而沒有占有之心，就不會有後續這麼多的發展了。當時鬼迷心竅般，勇往直前，如今到了這個地步，要回頭也難了！阿南不禁嘆了一口氣。

「怎麼啦？不開心了？」一個溫柔恬靜的聲音進入耳際，原來是阿秀。

阿南趕緊從草堆中站起來，屁股上沾了一堆雜草。

「你看你，弄得這麼髒！」阿秀像照顧小孩般幫阿南掃去身上的雜草，然後說，「我們去那邊的石頭上坐吧！」

阿南也像個小孩般乖乖地依言而行。

坐在石頭上，阿秀問：「想家了？」阿南低頭不語，「那你就用我們學到的心想事成的方法，試試看能不能讓你很快回家吧！」

阿南一想也對啊，猛一抬頭，眼裡充滿了希望。

「不過，」阿秀滿臉揶揄的表情，「你得想清楚，你來到這麼遠的地方，為的是什麼，如果就這樣回老家，豈不是……」

阿秀真是善解人意。阿南又低下頭，仔細思量。是啊！任務進行到一半，對公主有承諾，對太后也有承諾，怎麼可以一走了之？

「老師會告訴我們，**心想事成的第一步，就是清楚地知道自己到底想要什麼！**」阿秀寓意深長地看著阿南。

阿南心一動，好奇地問：「你怎麼知道那麼多？」

阿秀一愣，臉一紅，顧左右而言他：「沒有啊，耳濡目染吧！走吧！時間不早了！」

第二天上課時，穿著打扮還是一模一樣的煉金師，很嚴肅地讓全班學生一一試過魔法棒，看看大家集中心力的功夫練習得如何。有些人很快就能指使魔法棒往各種不同的方向轉，而那個阿牛怎麼都轉不動魔法棒，有的時候它還會往相反的方向移動，讓全班嗤嗤偷笑。煉金師也沒動怒，只是要阿牛再加緊練習。「任何人，」煉金師強調，「只要有信心和恆心，都可以做得到！」

接著，煉金師詢問大家這幾天執行功課的情形。看到阿南，煉金師請他分享與樹交流的經過。阿南面紅耳赤，囁嚅地簡單說了和「愁苦樹」及「歡樂樹」不同的互動經驗。他承認，「愁苦樹」讓他進入非常負面的狀態，所以轉移到「歡樂樹」時，著實費了一番工夫才能調整心境。

煉金師讓他停在這裡，然後問他：「是什麼讓你轉移心境的？」阿南臉更紅，支吾半天，才說：「嗯，我想到我媽做的抓餅，還有我家的大黃狗，嗯嗯……」公主的事他再也說不出口，臉紅得像熟透的柿子。

煉金師一拍手，大家嚇了一跳，他卻歡聲地說：「對啦！就是這個！這就是你的『秘密轉移物』，雖然還有一個你沒說出來，」煉金師居然眨了眨眼，阿南又低下了頭，「不過，這就是每個人都需要用來轉化不好的心情、不好的感覺的轉移物！」

接著他讓大家分享自己的「秘密轉移物」。有個叫阿隆的，他說每次心情不好時，就去撿牛糞，愈撿愈開心，很快就忘了剛才為什麼不開心呢。他舉的這個例子讓大家笑翻了，比起其他人說的唱歌啦、和朋友聊天啦，阿隆的例子獨樹一幟。

阿秀這時說：「我每次心情不好時，就會到海邊，和大海說話。它那麼大，我這麼小，我可以把所有的煩惱和不愉快都丟給它，讓它為我承擔。」

說完，大家靜默不語，覺得心有戚戚焉，只是平時沒想到而已。

「還有天空也是啊，」另外一位個子小小的女同學阿蕾也附和著，「天空那麼遼闊，當我朝著它打開我的心時，所有的煩惱都扔進了藍天白雲裡，不再困擾我了。」

煉金師嘉許了兩位女同學，然後說：「大自然的振動頻率，是最接近我們本來面目的振動頻率，也就是說，它的振動頻率特別高。所以，只要和大自然有回應、共鳴，它就是我們最好的『秘密轉移物』！」

05

我正在通往成功的正途上

你到底想要什麼？

當你向宇宙宣布你的願望時，你必須非常相信你會得到它，甚至已經得到了。所以，你要散發出去的，應該是已經得到了你想要的東西的感覺。

接著，話鋒一轉，煉金師問大家：「你們來到神秘學院，學了秘密之後，想要實現什麼願望？」

大家開始七嘴八舌地說，想要娶個美嬌娘、想要考個狀元、想要做生意賺大錢等。只有阿南不敢答腔，他該怎麼說呢？想要娶公主？大家不笑死他才怪。

「好！」煉金師舉手示意可以安靜了，然後問，「誰想過，不要娶個醜八怪？」

這時有七、八個男同學舉起手，包括阿牛。

「好！」煉金師說，「這個思想就會讓你娶到醜八怪！」語畢，全班哈哈大笑，但也有很多人不懂，等煉金師解釋。

「當你想著『不要』什麼的時候，你的感覺其實是負面的，宇宙只會接收到『醜八怪』這個訊息，」大家又笑了，「所以，你的願望就會被實現。」

剛剛舉手的幾位男同學都有點不好意思，阿牛更大膽地問：「那該怎麼辦？我常常這樣想。」大家笑得更厲害了。

煉金師說：「沒關係，要知道，正面思想的能量勝過負面思想好幾百倍，你只要從現在開始趕緊修正就好了。」

阿牛點點頭：「那以後我就想，我想要娶個美嬌娘！」

在大家的笑聲中，煉金師又火上加油地添了一句：「這樣你還是娶不到！」

阿牛更困惑了，急得用手直搔腦袋。大家也更好奇了，等待老師解釋。

煉金師喝口茶，繼續說：「當你說『想要』的時候，你的狀態是匱乏的，因為你沒有，所以才『想要』。根據吸引力法則，宇宙回應的是你的感覺和感受，而不是你所說或所想的，所以，當你在一個匱乏、渴慕的狀態下，你發散出的振動頻率就是匱乏、缺失，宇宙就會針對你的『狀態』做出回應。」

「啊！」大家恍然大悟，原來這就是秘密的精髓所在！可是阿牛還是沒搞清楚，又遲疑地舉手問：「老師，你說我們不可以想『不要的』，也不可以想『想要的』，那我們該想什麼？」全班同學雖然還是想笑，可是阿牛問的這個問題確實有點道理。這樣一來，我們究竟可以想什麼呢？

煉金師笑了笑，又正色地說：「當你向宇宙宣布你的願望時，你必須非常相信你會得到它，甚至已經得到了。所以，你要散發出去的，應該是已經得到了你想要的東西的感覺。因此，你的思想應該是：我已經有個溫柔美麗的老婆了。」

語畢，全班譁然，七嘴八舌亂成一團。有人說：「這不是自我欺騙嗎？」有人說：「怎麼做得到呢？」「要我去想像，想都想不出來啊！」抱怨聲四起。

煉金師又高高舉起雙手，大家才逐漸平靜下來。他看看滿臉疑惑的學生，然後高聲說：「記得，真正發出強烈振動頻率、吸引宇宙回應的，不是你的思想或你說的話，而是你的感覺，這是騙不了人的。所以，當你說，我有個溫柔美麗的老婆，但心裡並不相信，這其實是適得其反地在發送負面的、懷疑的情緒，所以一點用處都沒有，反而會得到反效果！」

聽到這裡，台下發出一片「對啊！」「是啊！」的贊同聲。「那我們該怎麼辦呢？」又是那個心急如焚的阿牛。

「當你來到神秘學院，開始關注『想要』的東西時，你其實已經走在創造自己未來的正途上了。」煉金師鄭重地宣告，「所以，事實就是，你已經在前往達成自己願望的路途上了。因此，如果你說『我正在迎娶美嬌娘的路途上』，這句話的感覺怎麼樣？」煉金師看著阿牛。

阿牛晃著腦袋想啊想，然後答道：「嗯，感覺很好！」全班看到他傻頭傻腦的樣子，又忍不住竊笑。

「就是這樣！」煉金師高興地說，「就是要這種感覺！」

接著，他寫下幾個句子：

我不要娶醜八怪！

我想要娶美嬌娘！

我已經娶到美嬌娘了！

我正在迎娶美嬌娘的路途上！

然後，他又替換成：

我不要失敗！

我想要成功！

我已經成功了！

「這樣理解了吧？最後一個才是能夠給你正確振動頻率的句子！因為，當你提出這樣的宣言時，並不是在勉強宣告這件事情已經成真，而是在陳述你有心想要完成這件事，也就是說，你已經看到了那個你想要的未來！」

全班不約而同地點頭，有些人已經露出躍躍欲試的表情。

煉金師又說：「**我們平常的習慣，都是聚焦在自己不要什麼，而不是真正想要什麼**。比方說，我們上了長時間的課，大家迫不及待地想下課，這時，你們的注意力是在哪裡？大部分是在覺得無聊、屁股坐得痠痛、怎麼還不下課啦……」大家被老師說中心事，不好意思回話。

煉金師看著大家，嘴角帶著一絲戲謔的微笑：「如果你們想的是，我宣布下課以後你們那種開心、愉快的感受，還有之後在外頭散步、嬉戲，和朋友聊天、談笑的畫面，情況就不一樣啦！」

這時，煉金師閉上眼睛，好像在感受什麼。半晌，他睜開眼睛笑著說：「好啦！我收到你們的訊息了，現在下課吧！這幾天要好好練習這個宣言！」全班開心地鼓掌歡呼起來！

06 找到自己真心想要的事物

創造人生的步驟

凡是你關注的，一定會因為你聚焦的能量而擴大、增強。所以，凡是你抗拒的，都會更加地持續。

阿南一直在想，自己的宣言應該是什麼。是「我已經在迎娶公主的路途上了」，還是「我已經在回家的路上了」？

阿南決定閉上眼睛，讓自己的感覺做主。唸前面一句的時候，他感覺自己有著躍躍欲試的興奮，而且還有很大的憧憬。唸後面一句時，感覺是低沉的，好像承認失敗似的。因此，阿南決定目前先用第一句來當成自己的宣言。

一早上課的時候，煉金師就宣布：「今天，我們要進入心想事成的實際步驟啦！」全班一聽，趕緊收回剛才聊天的散漫之心，拉長耳朵，坐直身子，專心聆聽。

煉金師又拿起大毛筆，寫下：

1. 發願
2. 感恩
3. 接受

這時大廳鴉雀無聲，都在等待煉金師的解說。「第一個步驟是發願。昨天你們已經學到如何發出正確的願望，我也提到，一般人大部分都是聚焦在自己不想要的東西上，不過，這也沒什麼不對。」大家一聽傻了眼，昨天才說不可以，今天怎麼又可以呢？

「因為，」煉金師解釋，「我們習慣性地這麼思考和看見不想要的東西，所以，不妨就從不想要的東西中找到自己真心想要的。也就是說，**當你知道自己不要什麼的時候，把它反過來，就會知道自己想要什麼了！**」全班這時又點頭稱是，沒錯，有道理！

「不過，」煉金師補充，「你們聚焦的地方，因為獲得了更多的關注和能量，所以一定會擴大。」煉金師看看大家，「因此，一定要把注意力和焦點放在自己想要的事物上，而且是正面的方向上。」

「昨天教過你們關於發願的宣言，大家還記得嗎？」煉金師目光橫掃全場，最後停留在阿南身上，「阿南，你告訴我們，你的宣言是什麼？」

阿南羞紅了臉，想要挖個地洞躲起來，找不到地洞，只好靈機一動：「嗯，我的宣言是……是……我正在……正在……達成我願望的路途上！」

全班都笑了，阿勇立刻嘲笑阿南：「是什麼見不得人的願望啊，要這樣遮遮掩掩？」

阿牛當然也不放過阿南：「是不是跟我們阿秀有關啊，不然怎麼不說清楚？」

全班哈哈大笑，阿南頭低到不能再低，阿秀臉也紅了，低頭玩著自己的辮子。煉金師高舉雙手，讓大家安靜，放過了阿南。

「你的願望要愈清楚愈好，這樣宇宙才知道如何幫助你。含糊其辭的人，是得不到宇宙全力協助的。」煉金師強調，然後又加了一句，「發願宣言要成為你的背景思想，就像背景音樂，整天自動放送，上達天聽。要達到這種狀態，你一定要相信自己的發願宣言，否則就不要想它。」大家若有所悟地點點頭。是啊，如果一邊想著自己的願望，一邊又想著它不可能實現，那反而會有反效果了。

「心想事成的第二個步驟是感恩。」煉金師手指著大字報上的字，「這裡有兩個很重要的元素。首先，就是要觀想事情已經實現之後的情境，然後身歷其境地感受它。為什麼呢？」他等著有人接話，可是台下一片安靜，「因為這時候，你的振動頻率會怎麼樣？」煉金師提示。

「這時候，我們的振動頻率和我們想要的結果的振動頻率是一致的。」又是阿秀，她臉上的紅暈已經退去，「那麼根據吸引力法則，就會吸引我們想要的事物來到我們的生命中。」全班都以崇拜的眼光看著她，阿南也不例外。

「很好！」煉金師嘉許，「所以，集中心力，觀想你的願望已經達成以後的每一個細節，愈詳細愈好，盡量用到所有的五官感受：在腦海的畫面『看見』，耳朵聽見，再加上鼻子和嘴巴共同去體會，更重要的是，你的觸覺也要感受到。」煉金師說完，就請大家練習看看。

阿南坐在台下，一時之間不知從何著手。觀想和公主成親的畫面？還沒想就臉紅了。所有的學生中，只有阿牛這次的練習做得最好。只見他手呈環抱狀，臉上充滿陶醉的表情，正當他準備嘟著嘴親吻夢中的美嬌娘時，煉金師卻宣布：「好，練習到這裡。」

接著，他檢視了在場每位同學的能量，說道：「關於那些無法觀想美夢成真的人，你們自己都不相信願望會實現，叫宇宙怎麼幫你呢？」阿南低下了頭，而阿牛還是兀自沉醉在美夢中，眼睛都還沒張開。煉金師這時用力拍了拍手，才驚醒了阿牛。他流著口水從夢中醒來，其他人又在掩嘴偷笑。

「你感受到美夢成真的同時，就要去感恩，因為感恩可以更加擴大正面的感覺，也就是放大那個振動頻率。」煉金師歇了歇，讓大家的頭腦也休息一下，然後他又慎重地說，「其次，你要每天注意自己在該方面的進展和進步，看到一點點宇宙幫助你的蛛絲馬跡時，就要立刻感恩。同樣地，那一點點的進展會因為你的關注而更加擴大，能量振動也愈強。」

接著，煉金師把大字報都撕了，準備重新寫上東西。他問：「好了，我們說過，創造顯化的步驟是什麼？」當學生七嘴八舌在背誦時，他逐一將答案寫在大字報上。

思想↓情緒↓行動↓結果

「好，心想事成的步驟，當然要和創造顯化的步驟一致，而且要充分利用自然的顯化過程。就是這樣……」煉金師在紙上加了：

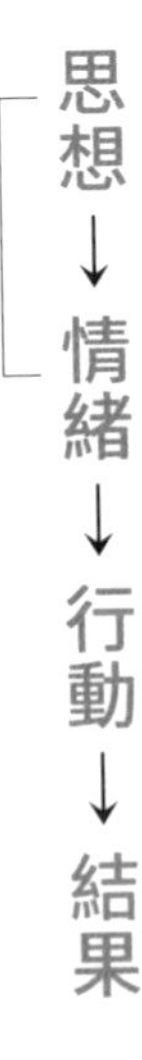

「你要從思想中找到真正想要的東西，進而做出發願宣言，這樣就會帶出正確的情緒，而我們知道情緒的振動頻率是最強的。」他繼續加上文字：

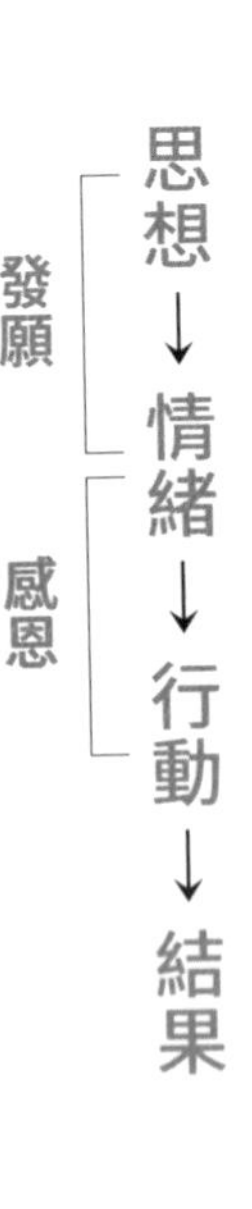

「感恩會從情緒中帶出正確的行為。因為有感恩的心，所以我們會去關注生活中對目標有助益的點點滴滴，並且以相應的行動來呼應。」

最後，他寫上：

思想→情緒→行動→結果

發願　感恩　接受

「感恩帶出的行動，會合乎心想事成第三步驟『接受』的原則，所以最後會創造出我們想要的結果。」煉金師解釋，「所謂『接受』的原則，就是：能量是來去流動的，要接受之前，一定要有所付出，這是這個物質世界二元對立的基本法則。」

07

結業不是畢業
為別人的成就開心

嫉妒、怨恨、怒氣等都是負面能量。看到別人有你想要的東西，你卻沒有，這時升起的負面能量會讓想要的東西離你更遠。

又有人舉手了，這次是阿勇：「老師，你說接受之前要先付出，這是什麼意思？」

煉金師點頭嘉許這個問題，然後說：「就像一個水桶，你要加水之前，必須先把裡面的水倒掉，才能再灌水進去。」

但是阿牛又不懂了。「老師，原先就有水了，為什麼還要加呢？」

「哈哈哈！」全班又被阿牛的問題逗得哈哈大笑。連嚴肅的煉金師這回都忍俊不住，笑了起來。

酸溜溜的阿勇忍不住損阿牛：「你原先裝的是糞，倒出來後裝牛奶還不好嗎？」語畢，全班都笑得前仰後合，煉金師也忍不住轉過身子，捧著肚子笑。阿牛被糗得面紅耳赤，又發作不了，一股氣憋得他的大肚皮似乎更大了。

煉金師等全班笑得差不多，才正色地說：「所謂付出，除了要『虛位以待』之外，很重要的關鍵就是要幫助別人。你想要什麼，就給別人什麼。」

阿牛又露出困惑的表情，卻欲言又止。還是阿勇直率，勇敢地問：「我想要美嬌娘，我總不能把我的美嬌娘送給別人吧？」大家都有同感，但還是有人忍不住發笑。阿南更有同感，但是連頭都不敢抬。

「很好的問題，」煉金師不以為忤，「別忘了，我們談的都是能量層面的東西。你要是一窮二白，想給別人金錢其實也給不出手。但是，你會願意把自己僅有的東西與別人分享。」

阿牛再也忍不住了：「可是美嬌娘也要分享嗎？」

全班又是一陣哄笑，阿牛卻一本正經，可見他對這個議題的態度非常嚴肅。

「當然不是，」煉金師忍住笑，認真地回答，「但是，當你看到別人有美嬌娘時，你是什麼感覺？」他反問阿牛。

「嗯……嗯……」阿牛不好意思，偷看阿南一眼，「很羨慕啊！還有一點點……嗯……」

「嫉妒是嗎？」

阿牛終於害羞地點頭了，不過還是惡狠狠地瞪了在旁邊偷笑的人。

煉金師看著全班同學，認真地說：「嫉妒、怨恨、怒氣等都是負面能量。看到別人有你想要的東西，你卻沒有，這時升起的負面能量會讓想要的東西離你更遠。」

全班這才如夢初醒！難怪，愈是看不起、嫉妒有錢人，愈是永遠無法富裕，因為這些人對「有錢」和「錢」的負面態度，反而把金錢推得更遠。**愈是為別人的成就而開心的人，則會招引同樣的能量來到自己身上。**

煉金師又回答了幾個問題，然後告訴大家：「神秘學院的密集訓練課程，到此也差不多告一個段落了！」

此言一出，全班驚訝聲大起。有人粗聲問道：「那……那……我們怎麼參加『心想事成大賽』啊？光這樣就行了嗎？」也有人問：「就這幾個簡單的步驟啊？我還沒搞清楚呢！」「我真的能娶到美嬌娘嗎？」（大家都知道是誰問的！）一時之間，大廳上亂成一團。

煉金師又高舉雙手，讓大家安靜。「我一個一個回答你們的問題。」他嚴肅地說，「首先，一年一度的『心想事成大賽』，參加者都是神秘學院特別資深的學員。」

阿南想起了阿嬌說的話，心想「誰知道有什麼陰謀」，不過他趕緊搖頭，把這個負面思想甩掉。

「所以你們必須修練多年，而且要有特殊的資質，才能有那樣的功力！」

「哦！」全班都非常失望，能量馬上降到最低。

「另外，心想事成的步驟看似簡單，但若要練到爐火純青，卻不是一年、兩年就可達到。至於，」煉金師看看阿牛，「能不能娶到美嬌娘，就看你下的工夫深不深了！」

語畢，全班又是七嘴八舌、雜亂無章的場面。

煉金師示意大家安靜，然後說：「我還有一件重要的事情要宣布，」大家一聽，立刻安靜下來，「我們在此只算是結業，但是要畢業，並拿到神秘學院勳章，還要通過一次考驗。」

大家面面相覷，不知道還有什麼考驗。

「這個考驗，就是最後一個步驟，心想事成的第三步：接受。」煉金師解釋，「在這個步驟中，有一個最重要的秘訣，但是我不能教你們，必須等你們實際執行後，有所體會，才能過關，領到勳章。」

最後結業的時候，應該是歡欣慶祝的時刻，大家卻心情沉重。原來後面還有這麼一招，誰知道煉金師指的是什麼？過不了這一關，神秘學院也算是白進了！

阿南也覺得奇怪，自己為何沒有預期中的興奮之情。不完全是因為還有一個難關的緣故，但他自己也說不上來原因何在，可能是任務還未完成吧！

「好！」煉金師宣布，「你們回去具體實踐心想事成的步驟，一旦發現了最大的關鍵後，隨時都可以回來向我報告。可是——」煉金師又拉長了語調，「一個人只有兩次機會。如果第一次沒說對，第二次就是最後機會了！」

台下每個人都面露恐懼，一臉的擔心和猶豫。

煉金師搖搖頭說：「哎呀！我真是白教了！碰到任何的困難和阻礙，只要拿出心想事成的功夫都可以解決啊，現在就展現如此負面的能量，怎麼能達到你的願望呢？」

台下的阿勇第一個發難，用他最強大的能量喊出：「我們一定能心想事成！」其他人立刻附和：「對啊！一定可以！一定可以！」

阿南感覺有一隻手溫柔地放在他的肩膀上：「你也一定可以的，阿南！」

阿南回頭看著阿秀，答道：「是的！我一定可以做到！」

08

奇妙旅程的開始

實現自己的承諾

你只要集中心念，看著碗的中央，想要的事物就會從碗中央浮現。至於這塊石板，你在上面寫下任何願望，都會立刻成真。

離開神秘學院，辭別了煉金師和其他的同學後，阿南終於依依不捨地和阿秀告別：「阿秀，謝謝你這些天的照顧。」

阿秀其實已經淚眼欲滴，但還是強顏歡笑：「別這麼說，互相照應，彼此彼此！」

阿南欲言又止，終於問：「我在哪裡可以找到你？」

阿秀一愣，停了半晌，然後說：「山水有相逢，後會自有期！」就飄然離去。阿南若有所失地看著她遠走，配上阿秀身影的，正好是最惹阿南感傷的夕陽！

阿南依約前往皇宮拜見太后。在宮外等候多時，太后終於有空召見了。阿南見到太后，又熟悉又陌生，不如如何開口。

倒是太后開門見山：「你學到秘密了？」

「是的，但最後的考驗還沒通過。」

太后笑了笑：「真正的考驗就在這裡呢！」說罷，派人拿來兩件寶物。太后看著阿南，「你答應我的事，一定要做到。這兩件寶物能幫助你回山城國帶回公主。不得有誤！」

阿南看了看兩件寶物，哭笑不得。一件是個破爛的大碗，裡面什麼也沒有；另外一件是塊普通石板，粗糙陳舊。

太后看到了阿南的表情，冷笑一聲：「傻小子懂什麼！這兩件是心想事成的寶物。你現在功力不足，只有借用寶物，才能取信公主，將她順利帶回。」

說罷，太后舉起破碗，告訴阿南：「你只要集中心念，看著碗的中央，想要的事物就會從碗中央浮現。」看到阿南驚訝的表情，太后又拿起石板，「至於這塊石板，你在上面寫下任何願望，都會立刻成真。但是……」太后露出鄭重的表情警告阿南，「它們都只能使用一次，而且離開了甚美國，它們的法力只能維持三天，你要自己抓緊時間。還有，」太后再度警告，「這些寶物變出來的東西都無法持久，你若是使用它們，就只能維持半個時辰，到時候，願望自然會恢復原狀，碗裡的事物也會消失不見。」

阿南看著兩件寶物，不知如何回答。

太后繼續說：「至於使用它們的時機，就要看你的智慧了！」說完，兩人來到大廳外，一匹白色駿馬已經在門外等候。「這是你的坐騎——飛天寶馬。牠會帶你平安度過沙漠和險阻，並把你和公主都帶回來。」

阿南驚訝地走向白馬，檢查了馬身兩側，脫口而出：「牠沒有翅膀啊！」話一出口，太后和侍從都哈哈大笑。

太后輕斥：「傻小子，什麼翅膀，牠健步如飛，什麼東西都趕不上，三天之內，牠可以不吃不喝，有足夠時間把你和公主帶回來了。」

阿南紅著臉，牽著寶馬，向太后辭別。太后定睛看他，語重心長地說：「孩子，我二十年來未了的心願就要靠你了！不要辜負我的期望。」

阿南稟告太后：「我已經學了心想事成的秘密，一定會完成任務回來的。」

太后露出嘉許的眼神，手一揮，催促阿南上路。阿南騎上白馬，向東奔馳而去。

飛天寶馬果然健步如飛，阿南坐在馬背上，只覺得周遭景物如飛而逝，風颼颼地吹過耳際，連身體都感覺輕飄飄，好像真的在飛。午夜時分辭別太后，離開甚美國時太陽正要升起。阿南謹記太后的教訓，寶馬可以三天不吃不喝，而寶物的法力也只能維持三天，所以一定要在期限內趕回山城國，見到公主，並勸說公主和他回甚美國。

一路上阿南吃著阿秀臨別時送他的乾糧，十分佩服阿秀的未卜先知和心思細密。「她怎麼知道我要遠行？」阿南納悶著。不過心思很快就轉向該如何見到公主，並且勸說公主願意和他離開。公主深居簡出，一般人根本見不到，阿南一介草民，更是想都別想，除非，除非……全城的人都睡著了。突然電光石火之間，靈感來了！就這麼辦，利用石板，就可以讓全城的人睡半個時辰。當然，公主不能睡著，還有阿南自己也是。（好險，先想到了！）

這半個時辰中，該如何讓公主信服呢？其實，阿南覺得先不要告訴公主關於甚美國太后可能是她母親的事實，以免節外生枝。聽說月葉公主雖然任性，但還是個性爽快又講義氣。既然說誰學會秘密就嫁給誰，只要阿南展示了破碗的神力，就可以取信於公主，並勸說公主和他暢遊秘密所在地。好奇貪玩的公主絕對禁不起誘惑，願意跟隨阿南浪跡天涯。想到這裡，阿南開始熱血沸騰，按捺不住滿腔的仰慕之情，恨不得立刻見到美麗的月葉公主。

飛天寶馬真的不吃不喝也不用停歇，跑了將近三天（當然，阿南還是得休息！）。第三天的傍晚，阿南遠遠地看到前面襯著晚霞的白頭青山，似乎非常熟悉。再過一段時間，從馬背上望去，真的是家鄉的天目山。

阿南拍著寶馬，興奮地叫著：「我回家了！」隨即又沮喪不已，因為想到時間匆忙，根本沒有時間回家探望母親和姊姊，也沒有時間向她們解釋這一切。

另外，阿南最擔心的是，如果有人看到他回來，那麼第二天公主失蹤的這筆帳，絕對要算在他頭上，萬一連累了老母親，那就是罪該萬死了！

寶馬來到山城國山腳下，阿南趕緊下馬讓牠休息，並補充水和糧食。這一帶是其他國家商人來山城國做生意停歇的地方，應該不會遇到熟人。阿南手腳俐落，很快地，不但把馬餵飽了，還準備了接下來三天自己和公主的乾糧。一切就緒後，寶馬也恢復了元氣，阿南正要上馬之際，聽到後面有人喊：「阿南！阿南！是你嗎？」

「糟糕！」阿南想，「完蛋了，被認出來了！」當下只好硬著頭皮轉身。一看，原來是小時候的鄰居阿信，聽說他這兩年都在做生意，來往於不同的國家，賺了不少錢。

「阿南！真的是你！」阿信笑著說，「你不是去找秘密了嗎？回來也不說一聲。你們一群人走好幾個月沒有消息，大家都以為你們凶多吉少了呢！」

阿南勉強笑了笑：「我剛回來，還沒進城呢！」

阿信拖著阿南，拉拉雜雜說了一大堆事情，面對阿信的種種問題，阿南含糊其辭地應付，因為不習慣說謊而汗流浹背。眼看著太陽下山，天色愈來愈黑，再晚一點，寶物就要失去效力了，阿南拉著寶馬就要走。

阿信說：「嘿！我跟你一起進城吧！我剛從北方回來。」

阿南趕緊說：「不要了！不要了！」眼看著阿信要去拉馬，阿南跳上飛天寶馬，立刻向前奔馳，速度之快，讓阿信看得目瞪口呆。要追，卻只看得見一堆飛揚的塵土。

09 山城國的冒險

想要什麼就有什麼的能力

所謂的秘密，就是心想事成的能力——也就是想要什麼就有什麼的能力。

好不容易擺脫阿信，阿南鬆了一口氣。一踏進山城國，阿南就不敢用最快的速度前進，以免寶馬的飛速引人側目。一路穿越熟悉的大街小巷，避開擁擠熱鬧的人群，阿南終於來到皇宮門口，那天在廣場上的一幕，好像是昨天才發生。阿南掏出石板，拿了塊石頭，想了想，在上面寫下：「讓全部山城國的人立刻睡著，除了公主和阿南。」果然，不到三秒鐘的時間，整條大街安安靜靜，沒有一點聲音。

阿南把寶馬拴好，準備直闖皇宮。一路通行無阻，來到公主的御花園，正要進門，一大群體積龐大、兇狠無比的獒犬張牙舞爪地撲向阿南。阿南嚇得立刻撤退，一路狂奔回到皇宮外面，才敢停下來。「真笨！」阿南罵自己，怎麼沒想到公主的護衛犬呢？只在乎人，動物還全醒著呢！這下怎麼辦？眼看時間一點一點地溜走，半個時辰很快就會到，再遲疑就來不及了。阿南無計可施，才又想起飛天寶馬，牠的速度可比那些獒犬快，但就是得好好駕馭寶馬，對準公主的寢宮，一刻不停地單刀直入才行。

阿南又再度溜進公主的御花園，只不過這回騎著飛天寶馬，獒犬根本追不上。阿南讓寶馬在公主的花園內打轉，好讓他觀察環境。坐在馬上、仔細尋找公主寢宮的方向，阿南轉得頭暈眼花，好不容易才看到公主的寢宮，對準大門，讓寶馬直接闖入，然後立刻關上大門。

大門砰的一聲關閉後，阿南還不敢立刻下馬，生怕公主寢宮裡也有護衛犬，因為公主特別喜歡動物。等了好一陣子，沒有動靜，卻聽到公主的聲音：「怎麼了，發生了什麼事？」

美麗的月葉公主在昏暗的燈光下緩緩現身，簡直是天女下凡，美麗得不可方物，阿南看得目瞪口呆。公主一出來，看到傻頭傻腦的阿南，脫口就問：「你是誰？怎麼會把馬騎進我的寢宮？」

阿南這才大夢初醒，趕緊說：「您好！公主，我是幾個月前奉命前往神秘國尋找秘密的人之一……」

「哦！是嗎？」公主歪著頭，好奇地打量阿南，模樣可愛極了。

「是的，公主，我已經成功地把秘密帶回來了。」阿南說得有點心虛，不過自己確實是學到秘密了，雖然還未完全過關。

「那——你如何證明呢？」公主直截了當地問。

阿南立刻拿出背在身上的破碗，開始解釋：「啟稟公主，所謂的秘密，就是心想事成的能力——也就是想要什麼就有什麼的能力。您所想要的任何東西，我都可以讓它在這個碗裡浮現。」

「真的嗎？」公主挑著眉毛，打量這個看起來毫不起眼的破碗。

「真的，您就許個願吧！」阿南盤算，距離全城居民清醒的時間實在不遠了，再不行動，後果將不堪設想。

「嗯……」公主沉思。她從小奇珍異寶看多了，什麼寶貝也不稀罕。既然能夠變出任何東西，公主心想，一定要變個我從來沒看過的東西才行。於是，公主高聲說：「那就變朵黑色的鬱金香給我吧！」原來公主酷愛動植物，溫室裡種了各式各樣的奇花異草，不過，就是沒看過黑色的鬱金香。

「什麼？」阿南不敢相信自己的耳朵，「鬱金香？」那是什麼東西？阿南連聽都沒聽過，更別說看過了。既然沒看過，也就沒有辦法經由觀想而心想事成。怎麼辦？他又不能讓公主來觀想，因為如此一來，公主就會知道誰都可以操作這個破碗，不一

定要「學會」心想事成的人才能變出這個把戲。

阿南急得如熱鍋上的螞蟻，眼看就要功虧一簣。突然急中生智：「公主，您可不可以把鬱金香畫給我看看？我沒看過，無法心想事成。」

公主好笑地看著阿南：「不用畫了，我的花園就有，但不是黑色的。」

阿南一聽，如獲大赦，連忙讓公主帶他去花園裡看看。

公主帶著阿南，一路上嘀咕著：「奇怪，今天侍從們怎麼一個個都不見了。」獒犬們在花園裡看到阿南，更是咬牙切齒，作勢欲撲，但礙於主人在場，不得發作。公主一路上還興致高昂地不停介紹她栽植的各種美麗花朵，但阿南哪有這個心思，滿心只想看看鬱金香的長相，一路點頭敷衍了事。

終於，公主指著一朵橘色的花說：「那就是鬱金香。」

阿南這下子總算有了概念，把橘色變成黑色就不是難事了。好不容易，一路又折騰半天回到寢宮，真的是迫在眉睫了，阿南趕緊拿出家傳的定靜功夫（這功夫救了他好幾次啦！），集中心力對著破碗觀想。果然，碗的中央瞬間升起一朵黑色的鬱金香。

公主高興地大叫：「真的耶！真的耶！好棒哦！」她抓著阿南的手，興奮得不得了，「我終於看到傳說中的黑色鬱金香了！」

阿南這次沒有抽回手，任由公主拉著他的手又蹦又跳。看著陶醉的公主，阿南也如癡如醉地沉浸在喜悅裡。突然間，阿南聽到有人說話的聲音，「糟糕，他們醒了！」阿南想。

說時遲，那時快，阿南一把抱起公主，放在馬上，匆匆地說：「公主，這是一匹飛天寶馬，牠健步如飛，快過弓箭，我們坐著牠一起去神秘國看看好嗎？」阿南此時真的是孤注一擲了，生死就在公主的一念之間。

公主不愧為公主，當下就爽快地說：「好！走吧！」

等到大批侍從和侍衛衝進來時，只看到白光一閃，人馬就消失在夜空之中了。

10

讓事情自然發生

等待接受，學習放下

當你做完所有該做的事，等著接收成果時，如果過度熱切期盼，反而會產生許多負面情緒。

兩人共乘飛天寶馬，一路出奇地順利。有了公主的陪伴，經過最可怕的沙漠時，黃沙烈日都變得格外浪漫。坐在公主身後，聞到公主身上陣陣的香味，她如雲的秀髮不時輕撫阿南的額頭，讓阿南深深陶醉，此刻，阿南心想事成的「觀想」功夫一步到位，好像美夢已經成真啦！

到了甚美國的皇宮外，等待通報覲見太后時，阿南告訴公主這個國家其實叫「甚美國」，不是「神秘國」，正要進一步和公主解釋心想事成的秘密時，太后的侍從已經匆匆忙忙來接待兩人，讓他們立刻進宮。太后早已在大殿裡等待，阿南拜見太后，並且介紹月葉公主。太后首先點頭嘉許了阿南，然後，用充滿淚水的大眼睛看著月葉公主，一言不發，只是摘下了臉上的面紗。

「啊！」原本在旁靜觀一切的月葉公主，此刻忍不住驚呼。太后眉梢上的薔薇花瓣胎記，大小、顏色都和月葉公主一模一樣，怎麼會這樣？月葉公主立刻用質疑的眼光看著阿南。

阿南只是點點頭，輕聲說：「是的！她是你的母親。」

月葉公主美麗的大眼睛直視太后，從不可置信、震驚，到淚水盈眶。

月葉公主似乎感應到了，畢竟血肉之親，彼此能量振動的頻率一定也會有所相應吧！月葉公主衝向前，匍匐在地，哭喊：「母親！母親！我從小就沒有母親！原來你在這裡！」

太后此時也立刻下座，一把抱起泣不成聲的月葉公主：「孩子！我的孩子！媽媽想你想得好苦啊！」

母女兩人抱頭痛哭，旁邊的隨從示意阿南退下，阿南也識趣地離開大殿。

阿南在大殿外等候多時，遲遲不見太后召見或月葉公主出現，只能訕訕地離開皇宮。就在向外走的時候，阿南眼角餘光瞥見一個熟悉的背影，「阿秀？」阿南呆了半晌，正要快步向前追趕，眼一花，那個身影就消失了。阿南納悶，剛才那名女子是宮女打扮，沒有阿秀的招牌小辮子，而且阿秀應該是貴族人家，想必是自己看錯了。阿南搖搖頭，知道自己思念阿秀，一時之間，不知道該何去何從。想起了大叔和阿嬌，決定去拜訪他們家。

阿嬌和大叔看到阿南，高興得不得了，大叔還特別殺了一隻雞，慶祝阿南的到來。阿南簡單地述說了這些日子發生在他身上的事情。

大叔一拍掌：「哈！這麼說，你即將成為我們甚美國的駙馬爺啦！」

阿南還是靦腆地不知如何接話，倒是阿嬌不太開心地嘟著嘴。大叔知道小女兒的心事，也不去理會她。

阿南就暫時在大叔家住了下來，每天都去農地裡幫忙大叔、阿嬌工作。阿南也謹遵煉金師的教誨，**每天練習「發願」、「感恩」和「接受」的步驟**，但他記得煉金師說，接受的步驟當中，還有一個重要的環節。現在，阿南每天都在操練這些步驟，但日子一天天地過去，皇宮尚未捎來任何消息。

阿南思量，難道公主忘記了他？雖然他找到了秘密，但兩人現在身處甚美國，不是山城國，太后只答應傳授秘密給他，作為把公主帶回來的條件，並沒有允諾要把公主下嫁給阿南。阿南想到這裡，心涼了半截，那公主呢？公主可是親自做出了承諾，難道因為場景變了，她也不必遵守諾言？

阿南每天左思右想，心情很糟。大叔看了，就要阿嬌陪他去城裡走走，去市集逛逛，也許可以碰到皇宮來的人，打聽一下消息，不然至少出去散散心也好。

阿南和阿嬌依言進城，首先來到神秘學院的門口，阿南很想進去看看煉金師，可是考驗尚未通過，阿南也不好意思去見老師。

坐在昔日和阿秀並肩而坐的大石頭上，阿南心事重重。他回想煉金師的教導，突然意識到自己此刻的狀態，也就是他發散的能量，正好和心想事成背道而馳啊！**該做的步驟都做了，包括發願、感恩，甚至也採取積極有效的行動，但此刻的他，卻不在接受的狀態，因為他的振動頻率和他想要的東西不合！**

想通了這點，讓阿南很興奮，卻不知道該如何修正自己。阿南想起「秘密轉移物」的方法，於是和阿嬌朝市集出發，希望熱鬧的人群能夠沖淡沉重的心事，調整一下頻率。

兩人來到城裡最熱鬧的地方，經過皇宮門口時，阿南真的很想進去打聽情況，可是又無法鼓起勇氣。在熱鬧的市集裡，什麼樣的人都有。叫賣的小販、表演雜耍的街頭藝人，整條街熱熱鬧鬧，充滿了生命的活力。突然阿南看到一位出家和尚，肩上背了個大布袋。他一路喊著：「**行也布袋，坐也布袋，放下布袋，何等自在！**」

阿南一聽，如雷貫耳，整個人當場呆在原地，動彈不得。阿嬌以為他中邪了，著急地叫：「阿南，阿南！你怎麼了？」

過了好一會兒，阿南才回過神來，馬上抱起阿嬌在空中轉了幾圈，開心地喊著：「我知道了！我找到了！快！快！跟我去神秘學院找煉金師！」

阿嬌跟在阿南後面跌跌撞撞地來到神秘學院門口，阿南交代：「你在外面等我，我很快就出來。」

阿嬌看到阿南露出多日不見的笑容和興奮之情，也為他高興，就說：「你去吧，我在這裡等你！」

阿南立刻衝進了神秘學院，一路往前，片刻不停地直達煉金師居住的小屋門口，這才喘口氣，不敢大聲敲門，只好輕輕地叩門，但是連他的叩門聲都充滿了興奮的期待。

過了一會兒，只聽到屋裡一個蒼老的聲音說：「誰啊？」

「是我，阿南！」阿南小心地回答。

門呀的一聲打開了，煉金師還是那一套裝束，臉上露出驚喜的表情：「是你啊！阿南。好！好！進來。」煉金師知道，阿南此時會來，肯定是找到了答案，雖然不知是對是錯，但也足夠令人欣慰了。「呵呵！你這麼快就有答案啦？」煉金師問。

阿南不好意思地笑笑，接著說：「我發現，**當你做完所有該做的事，等著接收成果時，如果過度熱切期盼，反而會產生許多負面情緒。**」說到這裡，阿南看看煉金師的反應，心裡想，如果苗頭不對，就趕快收手，畢竟一個人只有兩次機會。煉金師饒富興味地聽著，看來阿南的方向是對的。

「所以，我覺得，我們在接受的階段，採取了相應行動之後，就應該放下，讓事情自然發生。」阿南緩緩道來。

煉金師大腿一拍，嚇了阿南一跳！「對！就是這樣！這叫作放手！」煉金師大聲地說，看起來比阿南還興奮，「如果你認為自己要的東西非到手不可，其實你是在推開這樣東西。」

阿南有一點轉不過來，忍不住脫口問：「為什麼？」

11

得到秘密的勳章
讓宇宙的力量帶領你

放下，使我們有更多空間讓宇宙把東西帶入我們的生命裡，我們進而採取相應的行動，造成想要的結果。

「為什麼？」煉金師激動地說，「因為這種想法會發送負面的能量──就像你剛才說的啊！這個負面能量會阻擋你渴求的一切。」煉金師看著阿南，拍拍他的肩膀，「要學習放手，學習信賴，你才會輕鬆得到真正渴望的事物。」

阿南聽懂了，開心地點點頭。

煉金師又解釋：「因為真正把想要的事物帶到你身邊的，是宇宙的力量。在適當的時機，你必須放手，讓它接管。前面該做的都做了，現在只要留意宇宙給你的訊號，然後抓住它為你帶來的每一個機會就可以啦！」

煉金師這時左看右看，隨手抓了塊小石頭，在地上畫字，嘴裡還是不停地說：

「看你這孩子資質不錯，真是令人欣慰。我幫你好好整理一下這個課題吧！」

思想→情緒→行動→結果

發願＜願望誓言、找到你真正想要的

感恩＜注意跡象、謝恩、觀想細節、身臨其境

接受＜放下、給予

「還記得嗎？」煉金師問，「在發願這個步驟，你必須先知道自己真正想要的是什麼，然後想好你的願望宣言。」

阿南點點頭，接著說：「然後在感恩階段，你要身歷其境地觀想事情已經實現的狀態，散發出那種感覺。如果在生活上看到宇宙的任何回應，就要立刻感恩，才能擴大它的影響力。」

煉金師很滿意，最後又加上：「在接受的階段，是把前面的努力化為結果的重要時機。我們藉由給予，還有你剛才體會到的：放下，使我們有更多空間讓宇宙把東西帶入我們的生命裡，我們進而採取相應的行動，造成想要的結果。」

煉金師畫完了，也說完了，便起身到一旁的櫃子裡，拿出一個精美的錦囊。他看

著阿南說：「這是神秘學院的畢業勳章，可以掛在脖子上，隨時提醒你，**你的內在有強大的心想事成的力量，端看你如何使用它。**」

語畢，煉金師拿出一個圓圓的木刻勳章，上面有一些奇怪的圖案，套在阿南的脖子上。「孩子，你天性善良，也相當有慧根，希望你好好努力，才不枉費我一番苦心教導。」

阿南看著這象徵珍貴殊榮的勳章，熱淚盈眶。他遲疑了一下，終於勇敢地擁抱了煉金師，兩個大男人都濕了眼眶。

再三不捨地辭別了煉金師，阿南出了神秘學院的大門，找到在石頭上睡著的阿嬌。阿嬌睡眼惺忪地被喚醒，看著阿南，突然發現阿南脖子上的勳章，高興地大叫：「你拿到啦！太棒了！你一定要教我啊！」

阿南示意阿嬌小聲點，畢竟他們距離神秘學院大門口不遠哪！兩人興高采烈地回

到大叔家，看到大叔，不免又是一陣歡欣鼓舞。

那一夜，阿南睡得很沉。他決定靜觀其變，如果等待太久，也許可以想辦法回家看看母親。正要沉沉進入夢鄉之際，突然傳來重重的敲門聲。大叔剛打開門，一個人影就衝了進來，朝阿南的床邊跑去。

「阿南，阿南，你得快走！快走啊！」阿秀已經上氣不接下氣，披頭散髮，完全失去平時的秀氣文雅。

「阿秀，你怎麼啦？」大叔在旁邊緊張地問。

阿南正納悶大叔怎麼會認識阿秀時，阿嬌從房內衝了出來，一看到阿秀就叫：「姊，你怎麼回來了？」

阿秀顧不了那麼多，抓著阿南就要往外跑，阿南不知道哪裡冒出來的怒火，一把掙脫阿秀的纖纖小手：「到底是怎麼回事，你先說清楚啊？」阿南看清楚阿秀，確實是一身宮女裝扮，心裡一涼，不禁問道：「你究竟是誰？」

阿秀和大叔、阿嬌三人面面相覷，半晌，阿秀開口了：「我是阿嬌的姊姊，太后身邊的宮女。」

阿南早已猜到答案：「那麼，在神秘學院，你是太后派來監視我的？」

阿秀一愣，無奈地點頭，想要解釋，但阿南不知為何就是怒火中燒，撇過頭去不想看她。

阿秀急了，只好趕緊道出實情：「我當初的確是去監視你，但是，但是，你看現在……」阿秀看一眼父親和妹妹，臉紅地說，「我們不是變成好朋友了嗎？我是來告訴你一件緊急事情的！」阿秀真的很著急，頭上的汗珠有黃豆般大，「山城國的達非國王因為愛女失蹤，不惜一切代價，親自出馬帶領大軍遠征，現在一路殺到甚美國來了，不帶回公主誓不甘休。」阿秀一邊說一邊喘氣。

大叔這時插嘴，著急地說：「甚美國的王儲才十六歲啊，繼位還不到兩年，國弱兵衰，根本不是山城國的對手！這下可糟了！」

阿秀喘過氣來了，繼續說：「所以太后決定要捉拿你，好告訴達非國王都是你出的主意，反正太后原本就看你不順眼……」

阿嬌這時候插嘴說：「就是嘛！她怎麼可能把秘密傳授給外人，還不早把你滅口！」

大叔叱責她：「輪得到你說話嗎？」

阿嬌這才噤聲不語。

這時，遠處傳來馬蹄聲和嘈雜的人聲，阿秀一驚，趕緊抓著阿南說：「求求你，快走吧！被太后抓到的話，你就真的沒命了！」

阿南立刻跳下床，抓了衣服馬上穿上。

阿秀告訴阿南：「我幫你把飛天寶馬偷出來了，牠認得你，會跟你走。」說完，拿了一個包袱給阿南，「裡面有食物，你一路多保重。」

阿南接過包袱，靜靜地看了阿秀一眼，說了聲：「謝謝！」接著他看看阿嬌和大叔，深深地一鞠躬，「謝謝你們！」

正要出門，阿秀又叮嚀：「往西邊去啊！千萬別往東走。」阿南出了門，果然看到全身雪白的飛天寶馬在門外等候，正要上馬，卻被一箭射中，腳步不穩，差一點摔倒在地。阿秀一驚，閃身到門外，用力一托，把阿南頂上了馬背，然後狠狠拍了馬臀，飛天寶馬立刻如閃電般飛快向前奔馳，轉眼消失在夜色裡。阿秀看著心愛的人安全離開，心一鬆，腳一軟，跌坐在地上。

阿南那一箭傷得不輕，直中胸口，差一點就刺進心臟要了他的小命。一路上寶馬拔足狂奔，但是阿南的生命力卻愈來愈弱。鮮血已經染紅了整個胸膛，阿南感覺自己的生命似乎到了盡頭。努力了這麼久，不但沒得到心愛的公主，反而落得今日有家歸不得的下場……隨著血液向外奔流，阿南的求生意志也愈來愈弱。朦朧中，他看到自己的家鄉，小時候的生活情境歷歷在目，母親、父親、姊姊都來了，連阿黃也來了……阿南逐漸失去意識，任由寶馬載著他去天涯海角。

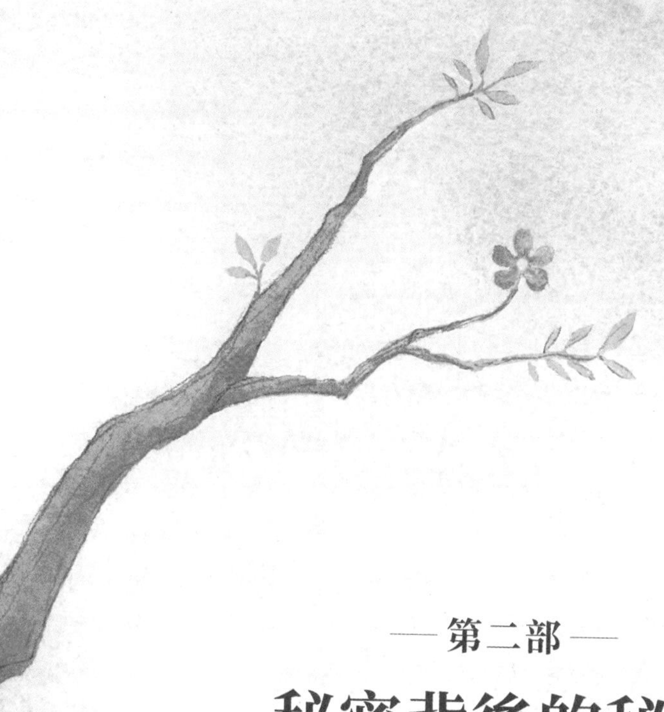

—— 第二部 ——

秘密背後的秘密

經由喜悅的旅程到達喜悅的終點

你不可能經由一個沒有喜悅的旅程，到達一個喜悅的終點。
在過程中保持一顆喜悅的心，
無論最後是否達成目標，
至少我們曾經擁有美麗的、愉悅的過程！

12

在編織美夢的憧憬裡
心想事成的秘密

愈是研究秘密，就愈發現秘密背後還有秘密……

阿南醒來時，看到了火光——溫暖的、熊熊的火光。隨著火光，阿南睜大模糊的雙眼，依稀看到眼前坐著一個人。是一個男人，年輕的男人，約莫三十歲。他看到阿南睜開眼睛，便微笑地注視著阿南。阿南掙扎著想起身，胸口一陣刺痛，又倒回床上。男人開口了：「你的箭傷未癒，先別亂動。」聲音低沉有力，在山洞中引起陣陣回音。阿南這才看見自己躺在一個洞穴中，偌大的地方，就靠一堆柴火照明。

「你，你是誰？」阿南開口了，聲音沙啞，「這是什麼地方？」

「我叫布托，這是一個山洞。」布托一笑，又說，「你受傷流血，被一匹白馬載來我這裡，我為你療傷止血，你昏迷了七天。」

阿南不知該如何接話。布托又笑了，看了看阿南胸前的勳章，問道：「你是神秘學院的畢業生？」

阿南感到驚訝，又不好意思地想：「神秘學院的畢業生落得如此下場，豈不是給煉金師丟臉啦！」

「呵呵！」布托笑道，「心想事成的秘密，好像不太有用哦！」

阿南臉都紅了，不過他還真是好奇這個男人怎麼會知道這些？布托笑聲停歇後，告訴阿南：「你好好養傷休息，以後我會慢慢告訴你。」

布托有種特殊的氣質，應該說是能量吧，讓阿南覺得特別舒服，在他面前好像不必有任何保留。在這種氣氛之下，阿南就著熊熊的火光重回夢鄉。

阿南再度醒來時，似乎是白天了。他看到洞口有一絲光線透進來，便循著光線出洞，胸口的傷還是隱隱作痛。他看見那個男人布托坐在一塊大石頭上，定靜而安寧，進入超凡入聖的狀態，令阿南忍不住也在他身旁坐下，閉目沉思。半晌，阿南聽到布托說：「早啊！睡得好嗎？」阿南點頭，睜開眼睛，晨光下的布托看起來更加莊嚴肅穆，讓人升起敬畏之心。

「你願不願意說說你的故事？」布托看到阿南的狀況，其實已經猜到十之八九，只是他想聽聽阿南自己的版本。而阿南在布托前面竟然滔滔不絕，完全沒有保留和隱瞞，從月葉公主招親開始，到甚美國的奇遇，學習秘密的經過，接公主回國的歷程，鉅細靡遺地說了一遍。布托聽得津津有味，不停點頭微笑。

阿南正準備一口氣說到自己最後是如何被太后追殺時，布托卻開口問道：「你的發願宣言是什麼？」

阿南驚訝地看著布托，難道他也是神秘學院的學生？（不知道畢業了沒？呵呵！）阿南提到學習秘密的經過時，只是輕描淡寫，並沒有描繪細節，因為所有進入學院的學生都曾發誓，不可以對其他人透露學習秘密的細節。而布托一語中的，說出這麼專業的術語，他絕對是神秘學院的學生！

看到阿南訝異的眼光，布托笑笑，不經意地說：「神秘學院是我創辦的。」

阿南一聽，眼珠子差點沒掉出來，幾乎岔了氣：「你……你是……」

布托看著阿南的樣子，又忍不住微笑，淡淡地說：「我是甚美國的王子，呃，應該說是，前王子吧！」阿南的樣子像是剛吞了一頭大象一般。

布托王子決定不再逗阿南，和盤托出實情。原來，布托王子的生母早逝，父王駕崩前指定他為王儲。但是，布托的後母，也就是現在的太后，一心想要自己的親生兒子繼承王位，因此演出了「暗夜追殺」的戲碼。布托王子在親信的極力掩護下，總算保住一條命，流落到這個地方定居。

「這裡是理想國，」王子解釋，「以後我會讓你出去逛逛。」

王子繼續講述他精采的故事。當初他繼承王位後，勤政愛民，完全不知道太后處心積慮想要除掉他。甚美國王室的家傳之秘就是心想事成的秘密，太后鼓勵王子繼續研究，好發揚光大。王子不疑有他，創辦了神秘學院，一心要將家傳之秘與全國人民共享。但是，王子愈是研究秘密，就愈發現秘密背後還有秘密……在王子還來不及實際澄清之前，太后已然重下毒手，王子只好棄國逃亡。

布托王子在描述這段驚心動魄的過程時，娓娓道來，好像在說別人的故事，完全置身於事外。阿南卻聽得膽戰心驚，以前完全不知道看起來安逸康樂的甚美國，居然有這樣的宮廷之爭。

王子失蹤後，太后派人搜尋了幾個月都毫無音信，於是宣告布托王子因故身亡，由她的親生兒子沙達接替王位。由於沙達年紀太小，太后怕鎮壓不住全國，便趁機宣布要公開皇室多年來的不傳之秘——心想事成，好讓全國老百姓沉浸在編織美夢的憧憬之中。

阿南聽完了王子的故事，不禁汗顏剛才還對自己精采的故事揚揚得意呢！和王子的際遇比起來，真是小巫見大巫。但是阿南有滿腹的疑問，忍不住要開口問王子：「那你知道心想事成大賽嗎？還有太后給我的那幾件寶物？」

王子依然帶著一貫的溫柔微笑回答：「太后來自巫月族，他們的巫術天下無雙，但巫術都不能持久，所以你那兩件寶物離開甚美國，就只剩三天的有效時間，而且變出來的東西也不能持久。」

這時，阿南想起他的飛天寶馬，趕緊問王子：「我的馬呢？」

王子看看他，又好氣又好笑地說：「你的馬？牠是我一手養大的啊！我讓牠回甚美國了。牠是甚美國的鎮國之寶，沒了牠，太后更是不會放過你。」

「哦！」阿南吐吐舌頭，真是失敬了。

13 那真的是你想要的嗎？「不配得」的情結

你必須對自己想要某樣事物的理由非常清楚，否則你發的願不會有強大的願力。

阿南接著又問：「甚美國的人看起來雖然都滿快樂的，卻也無精打采、懶洋洋的，這是怎麼回事？」

提到這件事，王子終於露出一絲痛心的表情。「太后教導全國人民心想事成的秘密時，故意誤導他們，認為心想事成就是坐在那裡，什麼也不用做，只要編織夢想，發散什麼快樂的振動頻率，事情就會發生。這是她的愚民政策。」王子遺憾地搖搖頭。「只有神秘學院的學生學得稍微深入一些，但是，和我後來發現的『秘密背後的秘密』相比，他們知道的也不算多。」

這時，阿南突然想起他一直覺得不對勁的地方，那就是：如果太后深知心想事成的秘密，為什麼她和親生女兒失散二十年，卻無法找回？難道真的是因為她不知曉「秘密背後的秘密」？想到這裡，阿南真是心癢難耐，恨不得王子立刻吐露「秘密背後的秘密」是什麼，可是又不敢多問，畢竟這是他們的傳家之寶、鎮國之秘啊！

布托王子看著阿南，心知肚明這小子在打什麼主意，他也不以為意，還是問了剛才阿南沒有回答的問題：「你的發願宣言是什麼？」

在真人面前，阿南還真的不敢隱瞞，照實說出自己的宣言：「我已經在迎娶公主的路途上了。」

王子點點頭，問阿南：「所以，你確信你要娶公主？」

阿南不解，回答說：「是的。不瞞你說，公主花容月貌，很少人看了不會動心。」

王子點點頭表示理解，又問阿南：「你有沒有想過，你為什麼要娶公主？」阿南一愣，倒是真的沒有想過為什麼要娶公主。

「你的理由是什麼？你想清楚了嗎？」

阿南對王子的問話感到詫異，轉念一想，王子可能是在教導他「秘密背後的秘密」呢！於是阿南仔細思考，卻依舊說不出什麼好理由。他就是為公主傾倒，想要娶公主為妻。

王子搖搖頭，說：「**你必須對自己想要某樣事物的理由非常清楚，否則你發的願不會有強大的願力。**」

阿南吐吐舌頭，心想，難怪不成功！

王子又問：「你憑什麼娶公主？」

被王子這樣一問，阿南又是一愣，不知道怎麼回答。

王子笑笑：「我不是真的在挑戰你到底配不配娶公主，我只是在試探你，你的內心深處有沒有『不配得』的情結，否則你發的願也是徒勞無功。告訴我，公主應該嫁給你的理由！」王子不放過阿南，繼續咄咄逼人。

阿南想了想，回答說：「因為我找到了秘密。」

「就是這樣嗎？得到了秘密就有資格得到公主嗎？你真的覺得你配得上公主嗎？」

阿南捫心自問，他的內心深處確實有「不配得」的情結，覺得自己配不上。看到公主時他都會自慚形穢，怎麼可能理直氣壯地覺得公主「應該」嫁給他呢？

看著阿南，王子語重心長地說：「**表面上的發願如果沒有內在潛意識的支持，就像沒有箭頭的弓箭，即使碰觸到目標，也無法一箭中的。**」

「但是，」阿南不死心地問，「心想事成還是很有用的，只要能確定想要的是什麼，而且深信自己配得上，是這樣嗎？」

王子又笑著搖搖頭，「沒有你想像的那麼簡單。告訴我，你確定你想娶公主嗎？」

阿南閉上眼睛，探視自己的內心。現在他不確定了，不過他說：「至少當時我是非常確定的。」

「好！」王子說，「你確定自己想娶公主，你發願、你感恩，就算你也覺得自己配得上，最後你接受了，接下來，我們來看看會發生什麼事。」王子在阿南的前額點一下，突然一陣睡意襲來，阿南恍然進入了夢鄉。

「阿南，阿南！」來自遠方的聲音，聲聲呼喚著阿南。

阿南突然清醒，站起來一看，王子已不知去向，那個聲音卻愈來愈近，一個人影也隨之出現，居然是公主！阿南又驚又喜，大喊：「公主，你怎麼會在這裡？」

公主嬌嗔地說：「到處都找不到你，你怎麼跑到這麼遠的地方？還好飛天寶馬識路，帶我過來找你。」

阿南說：「太后她，她……」

「她什麼啊？我母親說，你讓我們母女團聚，她感激你都來不及呢！怎麼還會怪罪於你？」阿南大喜，原來是誤會一場，真是白折騰了。

這時隨從們也都趕到，恭敬地迎接公主和阿南回國。阿南回到甚美國，發現山城國與甚美國已經結盟，達非國王不但不責怪阿南，還稱讚他智勇雙全，是眾勇士當中「唯一配得上迎娶公主為妻」的人。在眾人的祝福下，阿南順利地和公主結婚，過了一段快樂的日子。

遺憾的是，公主從小嬌生慣養，比較自我為中心。剛開始相處時還好，但時間久了，阿南愈來愈難以忍受公主目中無人的態度，尤其自公主懷孕以後，脾氣更是壞得驚人。有一天晚上，公主突然肚子餓了，她執意要阿南去御膳房為她張羅食物，而且不可以假手他人、使喚奴僕，一定要自己去。

那天阿南剛打獵回來（公主最不喜歡的活動），已經被公主叨唸了好久，心裡很煩、身體很累，可是公主盛氣凌人，阿南只好勉強聽從。到了御膳房門口，剛好看見阿秀在為太后張羅宵夜。阿南問阿秀過得好不好，阿秀幽幽地回答：「就是這樣吧！哪有什麼好不好！」

阿南突然看到阿秀臉上有塊從沒見過的疤痕，便逼問阿秀是怎麼一回事。阿秀禁不起阿南的逼問，終於說：「那一夜，我為你通風報信；你走了之後，我和其他侍衛交手，被他們在臉上砍了一刀。」阿秀哀怨的神情引得阿南憐惜之心大起，他拉著阿秀的手，想要把阿秀摟在懷中。這時，公主正好前來查看為何阿南這麼久還不回去，碰巧看到這一幕。

盛怒之下的公主立刻要求阿秀跳井謝罪，阿南知道公主只是一時氣昏了頭，很快就會回心轉意，饒阿秀一命，於是立刻替阿秀求情，苦苦哀求公主。阿秀平常溫柔婉約，但是碰到情敵也不願服輸，當場就在宮廷內投井自盡。當阿南看到阿秀的屍體被打撈上來時，承受不住悲痛，當場昏厥。

14 不要為難宇宙
心想事成的陷阱

如果執著於某個願望，那就是在為難宇宙，也為難自己，不但為自己的發展設限，而且只留了一條窄路給自己前進。

阿南幽幽醒來，他的身體還殘留著悲傷的感覺，連骨頭都隱隱作痛，可是最先映入眼簾的，卻是王子的那張笑臉。阿南一把坐起，不解地看著王子。

王子問：「怎麼樣？你真的想娶公主嗎？」

阿南渾身發抖，分不清哪個是夢，哪個是真實的情況，而且心頭好像烏雲壓頂，非常不舒服。

王子柔聲地說：「剛才只是你的南柯一夢，讓你看看，如果心想事成的話，可能會有什麼後果——只是可能而已啦。因為，若你真的跟公主結婚，這只是其中一種可能性而已。」

阿南震驚得說不出話，只是呆在那裡。

「你看，」王子耐心解釋，「我們想要的東西，最終可能變成我們想像不到的痛苦，或是，從一個更長遠的角度來看，它未必適合我們。這就是心想事成的第一大陷阱。你求了半天的東西，到頭來變成一場惡夢。」

阿南呆了半晌，身心還是沒辦法從那種極度情緒化的經歷中舒緩。但他還是不死心地問：「那，那有什麼辦法可以避開這個陷阱呢？」

王子笑笑，好像對阿南的執著又是讚賞又是無奈。「當然有！首先，最重要的就是我剛才問你的，你為什麼想要娶公主？在發願之前，要先想清楚你『為什麼』想要這樣的願望。」

看到阿南還是一臉茫然，王子決定舉一個實際的例子：

比方說，有個人一心想成為名醫，但實際上，他的資質並不適合。你問他：

「你為什麼想當醫生？」

「因為想濟世救人！」

「為什麼想濟世救人？」

「因為可以有成就感！」

「為什麼想要有成就感？」

如果他對自己有清楚的認識，這時他就會明白，他可能因為自我價值感不足，希望藉由成為德高望重的醫生、救人無數，而獲得尊重。這個時候，他可以做的選擇就有很多，成為醫生只是其中一種可能而已。

他更可以在自我身上下工夫，了解自我價值感只能靠本身給予自己，若是想仰賴別人給予，遲早要失望。還有，想濟世救人不一定要當醫生，成為一個很好的老師也可以助人無數啊！

此外，想要有成就感，也不一定要成為醫生，也許他其實有做生意的天分，可以靠經營生意賺很多錢，再把賺來的錢拿出來救濟窮人，更是另一種濟世救人的方式啊！

因此，我們可以發現，這個人其實有很多種不同的選擇，但是，如果他執著於發願要成為醫生，那就是在為難宇宙，也為難自己，不但為自己的發展設限，而且只留了一條窄路給自己前進。

聽了王子的一番話，阿南低頭沉思自己的狀況。

「你為什麼要娶公主？」

「因為看到公主美麗的容貌就很開心。」

「看到公主美麗的容貌為什麼會開心？」

「因為擁有了一件美麗的物品。」

「為什麼要擁有一件美麗的物品才會開心？」

阿南這時才發現，原來是自己的虛榮心作祟，他對公主其實一點感情都沒有，更沒有相處過，卻一廂情願地想要娶公主，而兩個人的地位又如此懸殊……

王子又問他：「擁有公主後的那種開心愉悅，是否有其他方式可以取代？」

阿南想了想，答道：「不一定要娶公主，如果能夠娶到一個平凡但溫柔美貌、情投意合的女孩，也是很好！」他現在終於領悟：當初自己怎麼會鬼迷心竅，非娶公主不可？而且還信誓旦旦地發願。經歷這麼多危險，現在回過頭來看，實在非常可笑！

王子看了看悔悟的阿南，決定再和他分享一個故事：

有一天，村裡的漁夫很興奮地來找王子。他告訴王子，本來他很滿意自己的生活，每天早上在湖邊和朋友聊天、捕魚，中午回家吃飯，和老婆睡個午覺，曬曬太陽，做做家事，傍晚孩子放學回來，全家享受天倫之樂。但是，他的生活卻因為一個陌生人而打亂了。

一天，有位富有的商人到了湖邊，看到他捕魚打得很起勁，忍不住給他一些人生的教導。從此，漁夫就有了一個願望：想要成為全國最有錢的漁夫。

漁夫說：「他教我每天不僅早上捕魚，下午也要捕魚。」

「為什麼？」王子問。

「因為這樣可以多賺錢。」

「然後呢？」

「賺夠了錢，我就可以買條船，雇用一些人來幫我工作。」

「然後呢？」

「然後我就可以有很多漁獲，賣到各地去，賺更多錢。」

「然後呢？」

「然後我就可以買船隊，到真正的海洋去捕魚，再賺更多的錢。」

「然後呢？」

漁夫搔搔腦袋，答道：「那位有錢人說，然後我就可以退休，在家裡每天過得輕鬆愉快，高興捕魚的時候就捕魚，剩下的時間就可以和老婆孩子一起開心過日子。」

王子問：「那樣的生活和現在的生活有什麼不同呢？你辛苦了半天、繞了一個大圈子，還不是回到原點？」

聽了這個故事，阿南不禁搖頭苦笑。王子看他失落的樣子，又提醒他：「所以，不是不可以發願去求心想事成，而是要確定自己究竟要什麼。你可以從最終的結果（最好是內在的狀態）來發願，給宇宙一些空間，而細節就留給宇宙去發揮。」

阿南沉思了半晌，說道：「所以，我的發願宣言應該是：『我正在覓得佳偶的路途上』，而不應該限定某一個女孩？」

王子點頭，「你比宇宙知道什麼最適合你嗎？」

阿南搖搖頭。

「所以，」王子繼續說，「在發願時，你可以觀想一些實際的畫面，例如你理想中女孩的溫柔、美麗，你們相處時的融洽、心靈的契合。而『細節』（就是到底何方神聖會成為你的佳偶），還有『如何』（就是你到底會怎樣遇見她、娶到她），都留給宇宙的神奇力量來完成。」

「那麼，」阿南又挑戰王子，「我就什麼都不用做，在家裡等待我的佳偶從天而降？」

王子笑笑，不在意阿南的刁難。「你想要努力到處打聽、尋覓，也是可以，不過那很費力。你真正該做的，就是放手讓宇宙去為你顯化，但是……」王子拉長了語氣，特別強調，「你必須保持警覺，留意宇宙為你帶來的種種機會，憑自己的直覺抓住每個時機，採取有效率的行動，也就是說，要趁浪花高漲時，順勢讓它把你帶到頂峰。」

15 你不知道要付出什麼代價
是否能發出喜悅振動的頻率？

心想事成最重要的一個訣竅，就是你要打從心底散發出事情已經完成了的那種正向振動頻率。

阿南這幾天和王子在一起，才真正理解秘密的一些精髓。他覺得自己如此幸運，將來一定要和更多人分享。當他對王子說出自己的感受時，王子淡淡一笑：「你要學的還很多呢！」這天，入秋的天氣格外晴朗，王子和阿南坐在大石頭上，享受秋意，陣陣微風吹來，阿南突然覺得，他似乎還有件心事，像塊石頭般尚未放下。

這時，王子提醒阿南：「你的故事還沒有說完呢！你只講到你把公主帶回了甚美國……」

阿南「哦」了一聲，不知道為什麼，心頭那塊烏雲始終未散，覺得非常沉重。阿南打起精神，繼續描述接下來發生的事情。一口氣說到自己中箭上馬，然後失去知覺，最後他說：「後面的故事你都知道了！」

布托聽完阿南的故事，只是溫柔地看著阿南，微笑著不發一語。阿南說完故事後，愈來愈覺得不對勁，不知道哪裡出了問題，心裡就是特別不舒服。布托看著他，似乎了然一切，但還是靜默地陪伴著他。

阿南回想自己離開甚美國的情境，突然腦筋一轉，脫口而出：「啊！糟了！阿秀，還有阿嬌、大叔，他們……他們會不會被我牽累啊！我怎麼這麼糊塗，走的時候只想到自己，絲毫沒有考慮到他們的處境？」

阿南急得像熱鍋上的螞蟻，開始團團轉，不停搔頭：「我當時不應該走的啊！我怎麼這麼自私、這麼愚蠢？」阿南自責不已，眼淚已經不聽使喚地直往外流。他不停捶胸頓足，偏偏傷口又還沒好，每一個動作都扯到舊傷，齜牙咧嘴的，煞是可憐，像發了瘋似的。

於是，布托將一隻手搭在阿南的肩頭，用沉穩、堅定的語氣說：「安靜下來，安靜下來！」阿南像是被催眠了，真的安靜下來，垂頭喪氣地坐在地上，一言不發，只有淚水還是不斷地流。

「還有，」阿南一下子全都明白了，哽咽地說，「我的母親、姊姊，如果阿信去通風報信，達非國王知道是我把公主拐走的，一定會，一定會……」阿南再也忍不住了，號啕大哭起來，「我做了什麼啊？為什麼會想娶公主？我是什麼身分？有什麼資格娶公主？結果落得今天這種下場……」

阿南一把鼻涕、一把眼淚哭得好傷心，王子只是安靜地坐在一旁，什麼也不說。等到阿南哭夠了，王子才緩緩地說：「這又是心想事成的另一個陷阱：你不知道自己要付出什麼代價！」阿南聽到王子這麼說，哭得更大聲了，自責、悔恨的情緒像一鍋滾開了的水，不停往外冒。

「有時候，我們只是一心想要追逐自己的目標，卻沒有想到，也許渴求的東西終究會到手，卻也要付出一定的代價。」王子盡量用委婉的語氣解釋，「像有些人追求名利財富，一心只是為了填補自己內在的空虛匱乏，並沒有和內在真正的渴望結合，也絲毫沒有利他的想法和遠大的抱負。最終，他可能要付出的代價是健康、人際關係——朋友遠去，家人疏離。結果，他達到了想要的目標，可是卻失去了更多。」

看著低頭飲泣的阿南，王子又對他說：「我再告訴你一個故事。」

有一天，由於村裡的一位老婆婆好心幫助了路過的流浪漢，流浪漢決定送給老婆婆一個禮物。那是一隻乾癟的猴子耳朵，據說具有神奇的魔法，能夠實現三個願望。

老婆婆把猴子耳朵拿回家，告訴老公公這件事，老公公不相信，老婆婆便說：「兒子快結婚了，我們要一點銀子給他辦喜事吧！」老公公不置可否。於是，老婆婆拿著猴耳，虔誠地按照流浪漢的指示說了三遍：「給我們二十兩銀子，給我們二十兩銀子，給我們二十兩銀子！」

過了半天，沒有任何動靜，老公公說：「你看，果然是胡說的吧！」

到了傍晚，突然有重重的敲門聲，一開門，有個年輕人說：「請問這是阿旺媽媽的家嗎？」

「是啊！什麼事？」

年輕人低頭，神情哀傷猶豫，然後小心地說：「阿旺，阿旺，他……被我們老爺的馬給踢死了！」

兩位老人家一聽大驚，幾乎要昏過去。年輕人趕快加了一句：「我們老爺很不好意思，特地給你們二十兩銀子，表示最深的歉意。」

老婆婆和老公公悲痛至極，白髮人送黑髮人，埋葬了親生的兒子。

幾個月以後，老婆婆突然看到被老公公丟在角落的猴耳。由於思兒心切，她問老公公，你看，這個猴耳好像確實管用，不如我們再次祈求，讓兒子回來？老公公一聽，也點頭同意。於是老婆婆又虔誠地對著猴耳說了三次：「讓阿旺回來吧！」

當天半夜，老婆婆和老公公聽到沉重的腳步聲和喘氣聲，趕緊探頭往外看，果真是阿旺回來了，只是……埋在土裡幾個月，阿旺的身體早已腐爛，慘不忍睹，模樣嚇人，而且看起來沒有意識。聽到重重的敲門聲和低沉的吼叫聲，二老嚇得躲在床底下。

老公公急中生智，趕緊跟老婆婆說：「還是向猴耳說，讓阿旺安息吧！」

聽到這裡，阿南突然抓著王子的手：「王子，你說的我都明白了！但是，我不能眼睜睜地看著大叔他們和我的家人這樣受我牽累！你告訴我，心想事成到底有沒有用？我可以用心想事成的方式幫助他們嗎？」

王子同情地看著阿南，緩緩地說：「**心想事成最重要的一個訣竅，就是你要打從心底散發出事情已經完成了的那種正向振動頻率**，你做得到嗎？」

阿南放開王子的手，閉上眼睛，試著去觀想母親、姊姊、大叔、阿嬌、阿秀都安然無恙，等待他回去的樣子，但還是功虧一簣。他又放聲大哭：「我做不到，我做不到，我好擔心，我好自責！」語畢，阿南又趴在地上痛哭。王子在一旁柔聲地說：「接納你此刻的痛苦情緒，釋放這些痛苦的能量，讓它們自來自去。」

阿南哭得天昏地暗，覺得日月好像都無光了，抬頭一看，真的天黑了。一天沒吃東西，王子不知從哪裡弄來了烤紅番薯，阿南雖然悲傷，肚子還是餓得嘰哩咕嚕叫，拿起紅番薯就大口大口地吃。王子告訴阿南，村裡很多婦女也常來找他，說她們的丈夫變了心，愛上別人，所以她們想知道，心想事成的方法可否讓丈夫回心轉意。阿南一邊吃著紅番薯，一邊好奇地聽著。

「就像我告訴你的，」王子有點無奈地說，「**心想事成最大的訣竅，在於發出事情已經成功實現的喜悅振動頻率。**所以我告訴她們，如果你們真能做到那樣，丈夫回不回來也不重要了，不是嗎？」

阿南聽了，放下吃了一半的紅番薯，說：「我做不到。他們的安危對我來說很重要，甚至勝過我自己的生命。」

王子看著阿南，眼中出現一絲絲威嚴：「你現在的負面情緒，甚至不吃東西，對這件事情有幫助嗎？」

阿南想想，是啊，一點幫助也沒有，於是又拿起紅番薯繼續吃。

「現在最重要的，」王子強調，「就是你要允許自己哀傷，」阿南嚼著紅番薯，莫名其妙地看著王子，「然後，到了下一個步驟，你要能放下。不是放下紅番薯！」王子看到阿南又要放下紅番薯，特地加上這一句。

阿南點點頭。他已經有放下的經驗，知道那是一種既美好又輕盈的感受。

「然後，你要看清楚，你現在想到他們時升起的情緒，如果是悔恨、擔憂和悲傷，你學過能量法則的……」王子以眼神考驗阿南。

阿南嘴裡塞著紅番薯，口齒不清地說：「就是把負面能量加在他們身上，對我自己和他們都沒有一絲好處。」

「沒錯！」王子滿意地點點頭，「所以，等你情緒平復一點，我再教你怎麼做。」

16 積壓的情緒是堵塞的能量

慈悲地觀照負面情緒

當情緒升起時，與其把注意力放在外頭激起你情緒的人、事、物上，不如把注意力拉回來，放在自己身上——身體上。

第二天一大早，王子要求阿南和他一起打坐。兩人沐浴在晨光中，面對面在大石頭上冥想。王子要阿南任由內在不舒服的情緒呈現，允許它們自然流露，不受任何阻礙地表達它們自己。阿南對大叔一家和自己家人的掛心、自責和悔恨的情緒還是非常強烈，王子要求他在清楚意識的觀照下，沒有一絲抗拒地去經歷它們。

阿南覺得自己的內在好像巫婆的盒子，現在被打開了。在靜默中，擔憂大叔一家和自己家人的安危所產生的負面情緒，帶動了內在的各種負面能量，和小時候的回憶——包括孩提時與鄰居孩子偷跑到鄰村去探險，天黑了找不到路回家，害怕、自責，又怕母親會擔心；父親生病以後，阿南天天對上蒼祈禱，擔心父親的病情，還認為是自己不乖、不好，父親才會生病；此外，有一次阿南偷摘隔壁村子玉米老伯的玉米，當場被逮個正著，心中充滿悔恨與羞愧；還有阿南上學以後，因為家裡很窮，被別人瞧不起，便深深覺得「自己不夠好」，自我價值感低落。

這些痛苦的回憶和不舒服的情緒不停湧現，阿南在掙扎之際，王子提醒他要慈悲地觀照它們，不帶判斷或喜好地關注它們。直到日上三竿，王子看到阿南緊皺的眉頭漸漸放鬆，出現了祥和的表情，就讓他起身，兩個人摘了一些新鮮的蔬果來吃。

王子告訴阿南：「**靜默是非常重要的基本功夫，它能夠平靜你的內心，讓你觀照自己的思想，進而培養你自我覺察的能力。**」

阿南問：「靜默需要特別的技巧嗎？需要老師指導吧？」

王子搖搖頭：「你就是自己最好的老師。千萬記住，一個好的老師是要培養出你內在的力量，而不是奪走它們。太過依賴大師，等於把自己的力量和能量都交給對方。」

王子攤開了手，繼續說道：「靜默就是這麼簡單。找個安靜的地方坐下來，背脊挺直，眼睛閉上，向內觀照，你會發現自己的思想來去不斷，但沒有關係，只要觀察它們就好。」

阿南點點頭：「以前我父親也教過我定靜的功夫，很好用！」

王子說：「跟一個覺知力比較強、意識比較清楚的人在一起靜默，比較容易帶動你進入狀況。就像一根木柴，如果想要點燃它，把它和另外一根已經焚燒的木柴放在一起會較容易。」

阿南看了看王子，欲言又止。

王子明白阿南還是沒有死心，笑笑地說：「我知道你想問什麼。靜默當然有助於心想事成的功夫。首先，」王子強調，「**靜默讓你的心思清明，更能覺察到自己真正想要的是什麼，而比較不會被貪欲和思想所迷惑。**」

王子啃了一口蘋果，繼續說：「另一個好處，你剛才也實行了，就是和你最基本的情緒赤裸裸地相處在一起，你無處可逃，必須面對它們。」王子又看了看阿南，「因為在你思想較平靜的狀態下，壓抑多年的情緒和念頭很可能逐一冒出來，這時，就要看你是否有足夠的內在力量和它們共處，允許它們存在。」

看著王子的好胃口，阿南有一口沒一口地吃著他的胡蘿蔔，又問：「這又有什麼好處？」

王子一愣，笑了：「好處多了。**積壓的情緒就是堵塞的能量，它們會塞住宇宙能量流向你的通道。**你以前學的心想事成，強調的都是『補』的功夫，不斷地塞正面的思想和情緒給自己。但就像我們的傳統醫學所說的一樣，一個人身體不健康時，不是光靠補就可以的。你必須先『瀉』，創造出空間，好讓新的東西進來。」

「所以，所謂的『瀉』，就是容許那些積壓、隱藏多年的負面情緒浮上檯面？」阿南覺得自己總算問了一個聰明的問題。

王子給了阿南一個鼓勵的眼神：「通常這些負面情緒，我們都很不喜歡，便一直壓抑、逃避它們，因此，用瀉的方式去對付它們最好。也就是說，當它們浮現時，與其逃避或壓抑，不如面對。」

阿南又糊塗了：「所謂面對，就是任由它發洩出來嗎？」

「呵呵！」王子笑了，「發洩、逃避和壓抑都不是面對。」

阿南雙手叉在胸前，一副願聞其詳的表情。

「好的，」王子不以為忤地繼續解釋，「所謂面對，就是全然地去經歷它。」

阿南學著王子的語氣，接下去說：「所謂經歷，就是……」

王子看看阿南，又笑了：「在每天的生活中，如果有人、事、物勾起了你的負面情緒，當時在你的身體層面一定有一個相對應的地方出現不舒服的感受。所謂情緒，**其實是我們身體對思想的一個反應。所以，當它升起時，與其把注意力放在外頭激起你情緒的人、事、物上，不如把注意力拉回來，放在自己身上——身體上！**」

王子又補充說：「通常那個感覺會很不舒服，所以我們想要發洩、壓抑或逃

避。而所謂全然地經歷，就是允許那個不舒服存在，把你的呼吸帶到那裡去，試著和那種不舒服的感覺在一起，這就是『瀉』！」

王子加重語氣：「『瀉』了之後，在那個當下，你就可以去檢視那個不舒服的情緒是由什麼念頭所引起的，甚至可以追本溯源，找到在生活中妨礙你快樂幸福的信念是什麼！」

王子吃完了午餐，擦擦手，拿起一根樹枝在地上寫字，一邊說：「所謂的信念，就是像你說的『我不夠好』『我不配得到』這些失敗者的信念！」他寫在地上的是阿南在神秘學院學過的創造過程，王子卻在最前面加上一個「信念」：

信念→思想→情緒→行動→結果

「你看！」王子說，「例如，你有『我不配得到』的信念，就會用某種符合你信念的角度來看事情，進而對那件事產生一定的思想，來支持你的信念。根據那個思想，你又衍生出情緒，接下來的部分你已經知道啦！」

阿南忍不住問：「那我們該怎麼解除這些不好的信念呢？」

王子看著阿南，很高興他一下就問到重點：「想要改變，首先你必須知道自己有哪些信念需要改變。所以，覺察的功夫非常重要。你可以先從那些引發你負面情緒的事件開始，慢慢地觀察、體會！」

阿南皺著眉頭思考，過了好一會兒，緩緩說道：「情緒好像會反覆出現，即使觸動它的人、事、物都有所不同！」

「沒錯，就是這樣！」王子一拍雙手，阿南嚇了一跳，「外界的人、事、物一直在改變，可是你對它們產生的思想和情緒並沒有改變。對某些情境，你始終只有一種反應、一種應對方式，而不去思索是否有其他的角度或可能性。這就是你的人生模式、你的信念。」

阿南執著地繼續追問：「透過覺察的功夫，我們看到了那些需要修改的信念，那下一步呢？」

17

連接上你的源頭

心想事成的終極秘密

我們在心想事成中所運用的力量，其實就是源頭的力量——來自宇宙的強烈能量。它能夠將無形顯化為有形，也就是說，能把你的意念變成實物。

看到阿南的鍥而不捨，王子搖搖頭又笑了：「你先用心練習一陣子覺察的功夫，再來談接下來的事吧！」

於是，阿南每天跟著王子打坐、聊天、散步。王子不時會有一些訪客，阿南就坐在一旁，聽王子為他們解答人生的困惑和難題，學到許多他從前不可能理解的人生智慧。

阿南的心中還是時常升起擔心、自責等負面情緒，他按照王子的方法，允許它們升起，並在身體的層面去感受它們。很快地，這些情緒就會消逝。阿南也看到自己的腦袋不停地編造故事——這也是王子告訴他的，我們的頭腦是製造戲碼和編劇的高手。

阿南的頭腦編造的故事情節不外乎是回憶以前的事情，假想自己當時應該怎麼做，或是不該怎麼做。要不然就是編織大叔、阿秀、母親他們大概會怎麼樣的故事，愈想愈擔心，自己嚇自己。王子曾經說，**真正的自由就是能夠理解到，你不必聽信腦袋裡的那個聲音，而且想思考的時候就思考，想停下來的時候就停下來。**阿南真的很羨慕這種內在的自由，可惜自己還做不到。

此時，阿南看見幾個年輕人騎著快馬來見王子，他們在王子耳邊說了一些話，王子點點頭，神色欣慰地嘉獎了他們，年輕人高高興興地騎馬離去。王子示意阿南過去，開心地告訴阿南：「我派去探聽消息的第一批探子回來了，他們說甚美國和山城國並沒有發生戰事。」阿南一聽，非常開心，心中的大石頭放下了一半。「第二批探子會去打聽大叔和你家人的消息，你就靜靜等待吧！」

阿南聽了，搓著雙手、搔搔耳朵，心癢難耐。王子理解地看著他的猴模猴樣，接著說：「阿南，現在是你練習靜默冥想、觀照自己的最佳時刻。」他讓阿南入座，然後問，「你現在哪裡不舒服？」

阿南說：「我的胸口好像有熱水在翻滾！」

王子笑：「很好！非常透徹的覺察。試著把呼吸帶到那裡，不要抗拒那個感受。」

在王子的指引下，阿南感覺胸口的滾水緩緩平息，他的呼吸本來十分急促，也漸漸緩慢延長。最後，阿南進入了一個非常平靜廣大的空間，在那廣闊的空間中，他感到非常溫暖、舒適，好像在暴風圈裡找到了中心點，如入不動的核心。再度睜開眼睛時，阿南眼中閃爍著喜悅之光。

看著阿南的變化，王子欣慰地說：「這是靜坐的另一大好處，也是心想事成的終極秘密。」

阿南一聽，精神又來了，臉上露出極度期待的表情。王子覺得好笑，但還是不讓阿南失望地繼續說明，不過他接下來說的話卻讓阿南大吃一驚，「心想事成其實是每個人與生俱來的能力。」阿南一聽，覺得不可思議，心想，那我們怎麼會完全脫節了？由於太過驚訝，甚至來不及說出口詢問王子。

王子笑了笑，很能理解阿南的震驚。「**我們在心想事成中所運用的力量，其實就是源頭的力量——來自宇宙的強烈能量。它能夠將無形顯化為有形，也就是說，能把你的意念變成實物。**在長大成人的過程中，我們逐漸與源頭失去了連繫，所以無法隨時取用強大的宇宙能量。」

阿南聽了，覺得內在有些東西被觸動，接著問：「所以，靜坐可以讓我們與內在的源頭更加接近，也更能連接上那個宇宙的力量？」

「沒錯！連結上那個力量之後的心想事成，非但不會招來你不想要的東西，而且不會讓你付出代價。」

阿南聽了，悠然神往，忍不住急急追問：「那除了靜默冥想之外，還有什麼方法可以讓我們連上這個源頭？」

王子不在意阿南的急躁，還是緩緩地解釋：「當然有。我不是跟你說過，我們的信念，以及一些人生模式，是影響我們生活幸福的最大障礙嗎？」

阿南點頭同意。

「它們也是阻礙我們與源頭連接的主要障礙。所以——」看到阿南又要張口問，王子這回搶先說，「我會安排你接觸一些人，讓他們告訴你，他們是如何解除生命中的制約模式。」

王子說完，又找到那天為阿南畫的圖，還在地上呢！不過，王子在「信念」和「思想」之間，加上「解除」兩個字，然後寫下「觀照、覺察」。

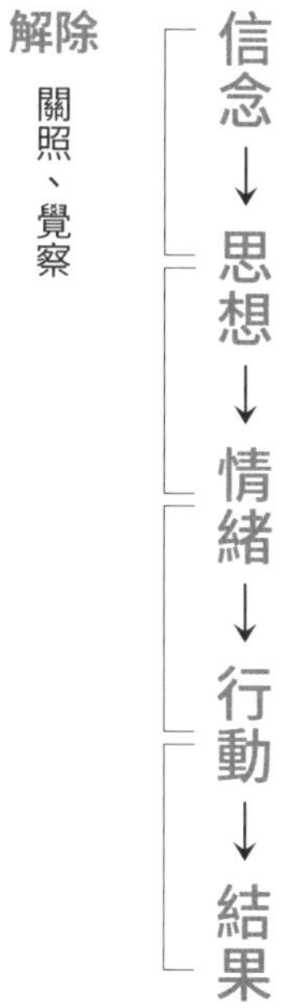

信念→思想→情緒→行動→結果

解除

關照、覺察

「我們前幾天是不是說到當你觀照、覺察到自己的模式和信念之後，要如何解除？」

「是的，你還沒回答我的問題。」阿南念念不忘。

「我教你從覺察負面情緒著手，是因為負面情緒是讓我們發現自己的人生模式和信念最重要的線索，它就像冰山露出的一角。當我們不與負面情緒抗衡，反而去接受它或允許它存在時，就等於消融了冰山的那一角，這樣冰山就會逐漸融化了。」阿南張口要問，卻欲言又止。

「我知道，是很慢。」王子已經相當了解阿南，「但不要忘了，藉由靜默冥想，你的意識之光也會進一步消融那座冰山。那座冰山是你經年累月營造出來的，怎麼可能一夕間就煙消雲散？」阿南點頭同意。

「好！」王子滿意地說，「冰山逐漸消融，這是『瀉』的功夫，接下來我們要『補』啦！怎麼個補法呢？」王子又在地上寫字。這回，他加上了「重新設定」這四個字。

解除＜重新設定
關照、覺察

「所謂重新設定，就是要重新塑造你的人生模式，替換成對你有用的信念。」王子看著阿南，「現在，該是你出去走走的時候了。你碰到的人都會樂意跟你分享他們的人生經驗，等你回來時，希望有好消息等著你啦！」

於是，阿南辭別了王子，準備去理想國遊歷一番。

臨行前，王子又提醒阿南：「記住，阻止我們成功的，並不是我們不懂的事，而是我們深信不疑但其實不正確的事情，那是我們的最大阻礙。希望你好好體會！」

18 緊抓不放的人生模式

重新設定信念

解除人生模式的第一步，就是要先看到妨礙你人生的模式是什麼。我們必須看到哪些過去的信念已經不適合我們，可以放棄或重新設定了。

天沒亮，阿南就離開了山洞，按照王子交代的路線，順著小路往前走。走著走著，來到大海邊，但仔細一看，其實不是一望無際的海洋，只是個非常大的湖泊，大到像一片海洋，幾乎看不到對岸。

「早安！」

阿南聽到有人向他打招呼，循著聲音，發現一個在船上整理捕魚工具的漁夫。

「你早！」阿南回答。

「你是從王子那裡來的吧？」年輕的漁夫問。

「是啊！你怎麼知道？」阿南好奇。

「這麼一大早，從那個方向來，而且一臉的期待與嚮往……哈哈！」漁夫笑著說。

阿南搔搔頭，有點不好意思，不過既然被看穿，就乾脆直接問了：「你可以告訴我解除人生模式的方法嗎？」

漁夫看著熱忱好學的阿南，點點頭說：「當然可以啦！不過你要知道，**解除人生模式的第一步，就是要先看到妨礙你人生的模式是什麼**，你做到了嗎？」

阿南遲疑了一下，接著說：「是看到一些了，其中之一就是，我發現我有很嚴重的自卑情結，常常覺得別人瞧不起我，而自哀自憐。」

「很好！」漁夫很滿意。他已經整理好漁網，一躍上岸，來到阿南身邊，「你坐下來！」阿南依言和漁夫在海邊坐了下來。

「你知道，人生模式是基於我們過去所蒐集到的資料，被制約而來的。」漁夫的開場白簡單而直接。

「咳！」阿南咳嗽了一聲，不好意思顯示自己的無知，不敢問究竟什麼叫作「制約」。

還好漁夫繼續說下去：「『制約』就是我們小時候，在當時的狀況下，針對發生的事情而做出的決定。比方說，『一朝被蛇咬，十年怕草繩』。這種制約是比較沒有理性的，畢竟當時年紀小，承接了一個觀念以後，從此緊抓著不放，卻沒有想過可以從另一個角度來看事情，或者說，事實和我們想像的有所不同。」

看著阿南略帶困惑的表情，漁夫決定舉一個例子。「你看那些馬戲團養的大象，在帳篷裡，他們只用一條細繩子綁住大象，而且是捆在一根細細的木杆上。」

「是啊！」阿南同意。他從小在看馬戲團的表演時，就很訝異那些大象是怎麼被訓練的。

「當那些大象還是小象的時候，就被一條細繩綁在木杆上，但由於那時力氣小，掙脫不開，從此牠們就不再嘗試。直到長成大象，明明只要一腳就可以掙脫細綁，但牠們仍然受制於那條細繩和木杆。

「所以，」漁夫愈說愈興奮，「我們必須看到哪些過去的信念已經不適合我們，可以放棄或重新設定了。」

「因此，」阿南終於大膽地提問，「當我看到別人鄙夷的眼光，或是嘲弄的揶揄時，不應該自哀自憐、自慚形穢？」

漁夫看看阿南：「不應該？這個字很嚴重哦！有什麼不應該？這是你從小的一個反應模式罷了，在轉換它之前，你要先接納它，不可以抗拒，因為抗拒是世界上最強的能量之一，你的抗拒……」

「反而會讓它更加茁壯？」阿南想起了煉金師的教誨。

「沒錯！因此，沒有什麼『不應該』的，我們要做的，只是用一個對你比較有利的模式，去取代原來那個對你沒有益處的反應模式。」漁夫補充道，然後話鋒一轉，又說，「我跟你說個笑話。」阿南又驚又喜，洗耳恭聽。

很久很久以前，有幾個工人在懸崖邊幫一個富翁蓋房子。每天中午，三個工人會聚在一起吃從家裡帶來的午餐。

有一天，工人甲看了看飯盒裡的菜，就說：「又是醃蘿蔔，這個笨老婆！明天她還讓我帶醃蘿蔔，我就從這個懸崖跳下去。」

工人乙這時也打開了飯盒，受到甲的負面情緒影響，他也抱怨：「又是醬菜！明天要是我的笨老婆還讓我帶這個爛醬菜，我也要跳下去！」

工人丙不甘示弱，打開飯盒，看到了炒馬鈴薯，也說：「明天我要是再帶這個，就跟你們一起跳！」

第二天，又到了中午時分，工人甲、乙、丙又聚在懸崖邊吃中飯。工人甲打開飯盒一看，又是醃蘿蔔，二話不說就跳下懸崖。工人乙小心地打開飯盒，一看，還是醬菜，飯盒一蓋就跳了下去。

輪到工人丙了，他慢慢地打開飯盒，又是炒馬鈴薯，無話可說，當然也跳了下去。

在三個工人的葬禮上，三個寡婦泣不成聲。

寡婦甲哭道：「老公啊！你只要說一聲，我就一定不會再給你帶醃蘿蔔了啊！你何必這樣呢？」

寡婦乙也哭訴：「你交代一下就好了，何必送命呢？我怎麼知道你那麼痛恨醬菜？」

寡婦丙更是哭得上氣不接下氣，似乎最為悲痛。她厲聲哭喊：「老公啊！我……我真不明白，每天……每天都是你自己準備飯盒的啊！」

聽了這個笑話，阿南哈哈大笑，漁夫也笑了，兩個人捧著肚子笑了老半天，阿南笑得眼淚都流出來了。過了一會兒，漁夫說：「我們不都和工人丙一樣愚癡？明明知道有些東西不適合我們（就像舊的信念），卻放不開、拋不下，還抱持著不放。」阿南點頭稱是，抹去眼角的淚水。

「所以，」漁夫正色說，「**既然過去的信念不適合我們了，就要根據現在我們是誰，以及未來我們想要什麼，來重新設定自己的信念。**」

阿南一聽，用充滿期待的眼神看著漁夫。漁夫說：「好！那你現在閉上眼睛，靜默一會兒。」

經過父親以前的教導和王子的密集訓練，阿南可以很快入定。不一會兒，他就進入了一個祥和寧靜的天地，感覺漁夫的聲音從很遠的地方傳過來。

19

用不同的角度重新設定歡樂的人生

從小採取的慣性反應模式是可以改變的。每當有人帶著輕蔑的眼光看你，你可以感覺羞辱、自卑，也可以覺得好玩、可笑。

「好！現在回想一個讓你感到自卑自憐、自哀自怨的情境，最好發生在小時候。」漁夫的聲音好像來自對岸，「當時這個情境造成了你的某個特定情緒反應，從此以後，你就用同樣的方式回應你認為相同的情境。」

這時，阿南進入了恍惚的狀態。他依稀回到童年，和一群死黨跑到隔壁村去偷玉米。幾個孩子，貪玩嬉鬧之心更甚於偷竊本身，但不幸的是，阿南當場被逮個正著。他還記得玉米老伯當時憤怒的表情，眼裡充滿不屑和鄙夷。

「好啊！你是哪家的窮孩子？你家沒錢，去怪你爸，幹麼跑來偷我的玉米？你無可救藥，將來長大一輩子也不會有出息！」玉米老伯憎恨而鄙視地看著阿南，還朝地上吐了一口口水！

阿南也沒有忘記，當玉米老伯把他拎回家時，父親痛心失望的表情，還有鄰居們既同情又瞧不起的態度和眼神，都讓阿南羞愧到極點。從此，別人的一個眼神、一句不經意的話、一個無心的小動作，都會觸動阿南這個傷口，讓他覺得受到輕視、被瞧不起，而感到自卑。

此刻，阿南沉浸在這樣的情緒裡，覺得胸口好痛、好悶，那種排山倒海而來的羞辱、自卑、自責，讓他幾乎難以承受！這些都是他逃避了一輩子、不想去感受的情緒，但這一次，他試著**不去逃避，也不去抗拒，就只是和這些刺痛的情緒在一起，試著把呼吸帶到身上最難以忍受的地方，輕輕撫慰從那個部位湧流出來、被壓抑了多年的傷痛。**

突然，阿南聽到遠處傳來嬉笑聲，是一群歡樂的人們發自內心、從肚子深處笑出來的聲音。「哈哈哈！嘻嘻嘻！哈哈哈！」這些聲音由遠而近，歡樂的能量逐漸靠近阿南。阿南感覺身體有一些反應，好像有些細胞和這些高頻率而快樂的能量產生了共振。然後，不知不覺地，阿南的嘴角出現一絲微笑，這絲微笑逐漸擴大，與阿南腹部中央升起的一股能量愈來愈相近，阿南忍不住開始哈哈大笑。

這一笑可不得了，阿南真的放聲大笑，笑得肚子直抖動，笑得在地下打滾。周圍的笑聲也愈來愈大、愈來愈近，阿南不由得睜開眼睛，看到周圍有一群漁夫，每個人的笑臉都是如此誠懇。他們看著阿南，發自內心地與他一同歡笑，年輕漁夫也在一旁，帶著欣慰祝福的眼神，和眾人一起分享這個本來就該屬於大家的歡樂！

笑聲漸漸停歇，阿南賴在地上，體驗身體裡那一波接著一波的能量，很奇妙的感受。過了許久，阿南坐起來，睜開眼睛，發現只剩年輕漁夫坐在他對面，滿臉笑容地看著他。阿南搔搔頭，問道：「剛才發生了什麼事？」說罷，自己又笑了起來，一種奇異而新鮮的感受。

漁夫笑著說：「我們剛才幫你重新設定了一個模式啊！」

「是嗎？」阿南說，「這種重新設定的方式真好玩！」

「是的！」漁夫恢復一本正經，「我們只是幫助你發現，**你從小採取的慣性反應模式是可以改變的**。每當有人帶著輕蔑的眼光看你，你可以感覺羞辱、自卑，也可以覺得好玩、可笑，不是嗎？」

阿南想想，是啊，他每次的反應都一樣，為什麼從沒想過用別種方式來應對呢？更奇怪的是，他愈是害怕別人輕視他，反而愈容易遇到別人瞧不起他、鄙視他的狀況。他向漁夫提出他的疑問。

「沒錯！因為凡是你聚焦之處……」

阿南接著說：「它的能量就會增長。」

「對！而且，或許別人本來沒有那個意思，也都會被你曲解成對方瞧不起你、看輕你！」漁夫補充道。

「有沒有一種可能是，」阿南也提出自己的看法，「因為我很抗拒、排斥這種事情，所以我身上帶著害怕被人藐視的能量，反而招來更多這類的遭遇？」

「當然！」漁夫很高興阿南能夠舉一反三，「**凡是你抗拒的事情，它的能量都會因為你的抗拒而增強，形成像鉤子般的東西，從周遭招引這些事情進入你的生命。**如果可以慢慢解除自己的人生模式，你的生命能量就會變得很順暢，」漁夫擺出武功高手的架式，「就像武俠小說中的高人，你的全身經脈會被打通！」

然後，漁夫輕鬆愉快地拍了拍阿南的肩膀：「不要把人生看得那麼嚴肅、認真，加一點幽默感，你的日子會更好過！呵呵！」

阿南沉思了一會兒，抬頭一看，已經日正當中，心想不好意思耽誤漁夫捕魚，便站起身來，準備告辭。突然間，他心念一動，問了一句：「你學過心想事成的秘密嗎？」

漁夫聽了，哈哈一笑：「沒有！你看我需要嗎？每天早上，我在湖邊和朋友聊天、捕魚，中午回家吃飯，和老婆睡個午覺，曬曬太陽，做做家事，傍晚孩子回來，全家享受天倫之樂。我還有什麼好求的？」

阿南一聽，覺得好熟悉：「哦！你就是王子說的那個曾經想要建造遠洋船隊的漁夫！」

漁夫一愣，哈哈一笑，有點害羞地說：「是啊！他老是喜歡說我的故事。你看我，」漁夫攤開雙手，「我全身經脈被王子打通後，已經處處心想事成了啊！像我這樣，還有什麼能讓我更快活？」

阿南點頭稱是，滿臉羨慕的表情。漁夫拍了拍阿南的肩膀，安慰他：「你也可以。只要你用心去覺察、多靜坐，慢慢地，這些人生模式對你的制約就不會那麼強烈了。」漁夫歪頭想了一下，「你沿著湖邊向北走，那裡有個比較熱鬧的城鎮，你會碰到更多貴人，幫助你打通奇經八脈。」

阿南向漁夫再三道謝，然後繼續他的旅程。

20 打破因循的模式

先瀉再補的原理

每個人的人生模式都是經過長年累月的習慣養成的，我們在不知不覺中按照舊有的方式過生活，想要破除這個因循的模式，就一定要出奇招去轉化它！

阿南繼續往前走，來到一個熱鬧的市鎮。他吃了塊大餅，就在鎮上走走看看，來到一個賣鐵器的店鋪，看到打鐵匠正辛苦地工作。

鐵匠散發出的能量吸引著阿南。他非常認真地把鐵片原料放入高溫的火爐中燃燒，然後開始敲打。敲打完，先是看看自己的作品，不滿意地搖搖頭，接著又突然好像想起什麼似地，用套在左手的一條粗橡皮筋彈一下自己。彈完之後，溫柔地揉揉剛才打痛的地方，又開心地笑笑，才繼續工作。

阿南專心地看著鐵匠完成了一件作品，忍不住前去和他說話。

「你好！」阿南有禮貌地問候。

鐵匠看了他一眼，不發一語地把剛做好的東西拿到店鋪後面。要是以前，阿南一定又會自慚形穢地走開，懊惱很久。但這次，阿南心中升起的感覺是好笑，繼續耐心地等待鐵匠回來。

鐵匠回來之後，看到阿南還站在他的店鋪門口，忍不住說：「小夥子，我跟你說過我不買你的牛，請你別耽誤我做事好嗎？」

阿南一聽，真的笑了，然後說：「對不起，我不是賣牛的。我只是對你很好奇，想跟你聊聊。我在王子那裡……」

一聽到王子，鐵匠趕忙丟下手裡的工作，招呼阿南說：「對不起啊！有個小夥子天天來賣他的牛，我被他纏得煩死了，剛才沒看清楚，真不好意思。」看看阿南，鐵匠說，「小夥子，你要問什麼？」

阿南說：「你剛才工作到一半，為什麼要拿橡皮筋彈自己一下呢？」

鐵匠低頭看看手上的橡皮筋，笑著說：「呵呵！這是自我提醒的工具。**每當我腦子裡又有不好的念頭升起，一旦發現，我就會用橡皮筋彈自己一下，然後趕快用一個好的念頭來修正。**」

阿南問：「你也是在試著解除人生的模式嗎？」

鐵匠聽了，又是一笑：「可以這麼說吧！我的人生模式之一就是覺得自己不夠好，事情老是做不好。」

阿南接著說：「那麼，剛才你是看到自己的作品，覺得不滿意，又觸動了人生的模式，所以才打自己嗎？」

鐵匠回答：「是啊！你看，我的作品有時的確沒辦法達到我的理想，可是我的腦袋卻不放過我，竟然說我是失敗者，一輩子都不會有出息，我做的東西沒人喜歡、沒人買！」

「有那麼嚴重嗎？」阿南皺著眉頭，同情地問。

「當然沒那麼嚴重。這就是我致命的模式所在，只要有不好的事情發生，就立刻歸咎到自己身上，而且馬上下一個很嚴重的結論。所以，每次它又這麼說時，我就拿橡皮筋打它，然後用正面的想法取代它。哈哈！」鐵匠解釋。

「這是什麼理論啊？」阿南不懂。

「我也不是很清楚，王子教導能解除人生模式的方法有很多種，我沒讀過書，不識字，腦袋很簡單，他們那些文縐縐的方法對我不管用。」鐵匠有點不好意思地解釋，「而且我是個幹粗活的人，每天就是做些體力工作，所以身體的感覺比較發達，他們就教我這個方法，說最適合我。」

「那效果怎麼樣呢？」阿南雖然還是不太懂這樣做的原理，卻又好奇它的效果。

「好！好得不得了！一開始，我過一會兒就得打自己一次，現在一個時辰頂多一、兩次，次數愈來愈少，剛才是不小心被你看到啊！呵呵！」鐵匠又咧開嘴笑，「而且，對我最有幫助的教導就是，不要把人生看得那麼嚴肅、那麼認真。想想也是，從此我就開心多啦！」

阿南看他開心的樣子，忍不住也笑了。鐵匠看看他，說道：「你看！一會兒天就要黑了，你不如上理想書院的程老師那裡求宿一晚，他是很有智慧的人，會教授你更多東西。」說罷，就為阿南指路。阿南心想，趕快趁天黑前去拜訪程老師吧，所以也不久留，開心地辭別鐵匠，繼續他的旅程。

阿南照著鐵匠的指示走了幾條街，果然來到一個綠樹成蔭的大院前，看到大門匾額上面寫著「理想書院」，便走上前去，敲了敲門。一位書僮樣的男孩開了門，問明是來見程老師的，也不多問，就帶阿南上客廳。阿南坐了一會兒，瞧見牆上貼著詩詞書畫，看來程老師真是個有學問的人。

聽到咳嗽聲，阿南連忙轉身，看見一位留著山羊鬍子的老先生進門來，趕緊上前問安。「你好！程老師，我是一位鐵匠介紹來的。」阿南不好意思再提王子，免得老師的禮數太隆重。

「呵呵呵！」程老師痛快地笑著，「又是鐵匠指引來的？好好好！沒問題。」

他看阿南一身打扮，就知道是外地人，於是說：「你今晚就在此留宿吧！還沒吃晚飯吧？來來來，我們正要吃飯，希望你不嫌粗茶淡飯就好！」

阿南連忙說：「哪敢！多謝！多謝！」語畢，程老師帶阿南進入另一間小廳，桌上擺著幾盤簡單的小菜，程老師招呼阿南坐下，自己就開始大吃起來。

阿南一面拘謹地吃著，一面忍不住好奇地問：「鐵匠使用的解除人生模式的方法，很特別啊！」

程老師聽了，笑笑說：「是啊！**我們的人生模式是經過長年累月的習慣養成的，每天我們都在不知不覺中按照舊有的方式過生活**。想要破除這個因循的模式，就一定要出奇招！」

阿南聽得睜大了眼睛，程老師看阿南興趣濃厚，講得就更起勁了。

「我們人是習慣的動物，而且都是趨樂避苦。所以用橡皮筋彈肉的方式，可以在身體上留下一個印記，痛苦的印記，這樣就打斷了我們習慣性的思考和行為。久而久之，不該想的事情就不會去想啦！」

阿南一拍大腿：「真妙！」

程老師張著嘴笑：「是啊！尤其是像鐵匠這種靠身體勞力工作的人，直接的肉體震撼法最有效果了！呵呵！」

程老師又突然想起了什麼，補充說明：「不過，痛過以後，要用一個正面的想法去補它，這樣效果最好！」

阿南聽了就說：「這就是先瀉再補的原理吧！」

一老一少同時笑了起來。程老師說：「看來你對這方面的東西很有興趣，今天晚了，明早我們再聊吧！」說罷，吩咐男孩帶阿南入廂房梳洗休息。

21

全然接受你的負面情緒
釋放情緒的模式

阻塞在我們身體裡的負面情緒，會發出一定的振動頻率，吸引同頻的事物來到我們的生命中，讓我們持續產生相同的情緒能量。

第二天一早，阿南興沖沖地起身，走到院子一看，程老師已經在打太極拳了。阿南恭敬地守候在一旁，欣賞程老師行雲流水般的拳術。打完一套拳，程老師已經滿頭大汗，看到阿南，很高興地和他坐在院子裡聊天。

得知阿南此刻的狀況和此行的任務後，程老師熱心地說：「好！咱們先吃兩個饅頭，然後，我再好好教你幾招。」阿南高興得不得了，恨不得立刻向程老師學習，飯都別吃了。

塞了兩個大饅頭後，阿南滿是期待地看著程老師。程老師低頭思索一會兒，開口就說：**「我們的人生模式之所以一再重複出現，其實是因為某種情緒的需求在驅**

使。」

阿南一臉「願聞其詳」的表情。

「這種情緒是長年累月的壓抑累積造成的，在你身體裡成為一種窒礙不通的能量。」程老師又思索半天，尋找適當的詞彙來表達抽象的概念，「這種能量阻塞在你的身體裡，會發出一定的振動頻率，吸引同頻的事物來到你的生命中，讓你持續產生相同的情緒能量，有點像是一種癮頭，需要同頻率的能量來滋養它。」

阿南努力回想自己的生命中究竟有哪些這種「上癮」的情緒。

「那些覺得自己不夠好、自卑、自憐的情緒，」阿南想，「還有自責、愧疚，好像也是經常發生的。對這些情緒上癮，多可怕啊！」

阿南以求救的眼神看著程老師。

程老師點點頭，接著說：「所以，想要避免類似的事情一再發生、同樣的情緒一再出現，首先要做的就是，**當那種情緒出現時，不但要全然地經歷它，更要努力地釋放它，讓它不在你的身體裡繼續累積。**」他單刀直入地問阿南，「哪一種情緒最困擾你，而且常常發生？」

阿南思索了一會兒，很快地回答：「自責、歉疚的情緒。」

「所以你常常感到歉疚和自責嗎？」程老師問。

「是的。」阿南承認。

「好！」程老師也痛快地說，「那我們就開始吧！首先，閉上眼睛，想像最近發生的一件讓你無比歉疚和自責的事。」

阿南無須多想，大叔、阿秀、阿嬌，還有母親、姊姊的臉孔立刻浮現在眼前。

「好！你試著把這個情緒，就是那種自責的感覺擴大開來，讓它逐漸增強，愈來愈壯大，好好地去感受它，跟它在一起。」程老師看著阿南的臉上出現了痛苦的表情。

「很好！就是這樣！不要逃避，深刻地、全然地感受它。」

阿南開始呼吸急促，坐都坐不穩了。

「好！現在請你找到身上與這個情緒相對應的部位，看看你的身體是哪裡不對勁，然後把那個不舒服的感覺也擴大，最好用手輕輕地碰觸它。」

阿南這時開始大口喘氣，他想到阿秀可能當場就被官兵殺害，而大叔和阿嬌可能也難逃毒手。

他痛苦的情緒高漲，自責、歉疚到了極點，覺得喉嚨好像被卡住了，無法呼吸，於是用手去護著喉嚨。

程老師的聲音從遙遠的地方傳進阿南的耳朵：「這個情緒對你有幫助嗎？」

阿南痛苦地搖搖頭。

「對事情的發展有幫助嗎？」

阿南再度痛苦地搖頭。

「你喜歡這種感覺嗎？回答我！」

阿南嘶啞地說：「不——喜——歡！」

「但你可以允許它存在嗎？」

阿南停頓了好一會兒，才下定決心說：「可以，我可以允許它存在。」

程老師滿意地點點頭：「那你想放下這種情緒嗎？」

阿南回答：「是的。」

「你想放下這種情緒嗎？」

阿南點點頭。

「你是真的非常願意放下它嗎？」

阿南更加用力地點頭。

「什麼時候放下呢？」程老師問，「如果是現在的話，請大聲宣告：我選擇此刻去接納它，並且把它放下！」

阿南停了一會兒，大聲地說：「我選擇此刻去接納它，並且把它放下！」

「好！」程老師中氣十足地為阿南加油，「你準備好的時候，吸一口氣，然後呼氣時大聲地喊『啊』，讓這個情緒在你的喊叫中釋放出來。準備好了嗎？」

阿南點點頭。

「吸氣，然後——吐氣！」

阿南真的用盡全身的力氣大喊。程老師指示他重複吸氣、吐氣、喊叫的動作兩次，阿南也照做了。

「好！」程老師很滿意，告訴阿南，「現在帶著微笑，深吸一口氣，呼氣的時候放鬆下來。慢慢地睜開眼睛，然後告訴自己，現在這一刻多麼美好！」

阿南睜開眼睛，看見初冬的陽光恣意灑在院子裡的綠樹上，微風徐徐吹來，遠處還有鳥叫聲。的確，此刻多麼美好！

阿南嘴角帶著微笑，看看程老師，他也回以微笑。

停了半晌，程老師緩緩開口：「這個情緒對你有什麼好處？能為你做什麼？對你和其他人有幫助嗎？」

阿南黯然地搖搖頭。

「可是，」程老師說，「你會一直抱著它不放，除了因為它是你習慣的情緒模式外，還有什麼好處？」

阿南想想，突然了解他為什麼會任由自責悔恨的情緒折磨自己：「因為，**如果我痛苦的話，好像就比較對得起那些因我而受害的人。**」

「沒錯！」程老師讚賞地說，「這也是一個不自覺且不理性的理由，不是嗎？」

阿南點點頭。的確，用折磨自己的方式來減少愧疚，實在是不太有建設性的行為。

程老師拍拍阿南的肩膀：「剛才我們做的步驟，可以一再重複，直到你覺得沒有任何殘留的情緒為止。」

「我自己做？」阿南不解地問。

「沒錯，你可以自問自答啊！每次有負面情緒升起的時候，都可以按照這個方式來釋放。記住，在放下它之前，一定先要接納它，允許它存在。如果當時覺得無法放下，也不要勉強，就先和這個情緒共處於當下。」程老師以鼓勵的眼神看著阿南，「這樣，過了一段時間，你原來累積的情緒負荷就會逐漸瓦解，最後對你不再起任何作用了。」

「好！我會努力去做。」阿南承諾。

阿南在理想書院停留了好幾天，每天跟著程老師學習各種不同的理論、知識，真是非常開心。程老師也很高興有阿南這麼肯學又上進的年輕人陪伴他，一老一少，每天嘻嘻哈哈地十分快樂。

但是最後，阿南實在不好意思再繼續叨擾，只好說：「程老師，我還約了別人，真的得告辭了！」

程老師促狹地說：「約了人？不會是理想錢莊的錢老闆吧？哈哈！代我向他問好！這傢伙，嗯！有意思，有意思。」說完摸摸他的山羊鬍鬚。

這倒是激起了阿南的興趣。他辭別了程老師，胡亂買了幾個包子充飢，探聽到理想錢莊的位置，便準備去拜訪那位「有意思」的錢老闆。

22 為舊信念換上新衣服

成功是一種習慣

我們的舊信念，就像舊衣服，過時了、破舊了，你應該用新的信念，也就是對你更有利的信念來取代它們。

阿南來到理想錢莊，正在門口探頭探腦時，來了一個富態的中年人，問阿南：「你找誰啊？」

阿南搔搔頭：「我找……嗯……錢老闆。程老師託我問候他。」

中年人哈哈一笑：「就是我啊！進來坐吧。」他讓阿南入座並奉茶。阿南趕忙稱謝。

錢老闆也入座後，笑嘻嘻地問阿南：「年輕人，程老師要你來跟我學做生意嗎？沒問題，我教你。」

阿南趕忙搖手說：「不是，不是，我對做生意沒興趣。」

「哦！」錢老闆仔細端詳阿南，開門見山就問，「你家很窮吧？」

阿南窘迫地回答：「嗯，是不富有。」

「嗯！你努力嘗試過賺錢嗎？」錢老闆問。

「嗯，試過，可是總不太成功。」阿南已經面紅耳赤了。他從小家裡就很窮，長大後，也試著多方想要開闢家裡的財源，可是總不成功。家中唯一的收入還是靠那畝田。

「你對金錢的看法是什麼？」錢老闆還是不放過他。

「錢，嗯，其實，」阿南突然挺起胸膛，「一點也不重要！」

「哦！」錢老闆饒富興味地看著阿南，「為什麼不重要？」

「比起健康、人際關係、家庭，還有愛情，錢實在不算什麼！」阿南振振有詞。

「哈！哈！哈！」錢老闆笑得好開心。阿南不明所以，愣愣地看著錢老闆。

錢老闆笑了好一陣子才停下來，看著阿南說：「既然是程老師讓你來的，那麼你應該有一定的基礎了。你知道萬事萬物都是能量組成的吧？」

阿南覺得這個話題轉得太快，一下子還不能適應，不過還是遲疑地點點頭。

「所以，**金錢是一種能量，健康、人際關係、家庭等，也都是能量。**」錢老闆笑得太厲害了，眼角還有點淚水，「如果你說你的家人不重要，或是你的朋友不重要，他們會怎麼對待你？」

阿南倒沒有想過，因為他一向重視家庭、朋友。「這……嗯……他們大概會很不高興吧！」

「遲早他們也會離開你吧？因為你不重視他們。」錢老闆問。

「的確是會這樣。」阿南承認。

「錢也一樣啊！金錢不過是種能量，你覺得它不重要，甚至有點鄙視它，它怎麼可能會來到你身邊呢？」錢老闆說。

對啊！阿南從來沒有這樣想過。

「錢是一種能量，和朋友、家人，或是你的健康一樣，都需要你去經營。天下哪有不勞而獲的事？」錢老闆對阿南曉以大義。

阿南沉思不語。他以前對金錢可能是又愛又恨，既然得不到，就乾脆說它不重要；而愈是說它不重要，就會把它推得愈遠。

錢老闆又出題了：「告訴我你的金錢觀。」

「嗯？」阿南不太懂什麼是「金錢觀」。

「就是你對金錢的看法，還有你對有錢人的觀點。」錢老闆看看阿南，「好！如果我說到錢，很多錢，你想到什麼？」

「嗯，我覺得……錢會腐化一個人，很多罪惡都與金錢有關……而且，賺錢很辛苦，要付出很多代價。」阿南看到錢老闆不知從哪裡找來了紙和筆，居然一本正經地把阿南說的話寫下來。

「所以，你潛意識裡排斥金錢。」錢老闆下了結論。

阿南不好意思搔搔頭：「可能是吧！」

「哈哈！那金錢就更不可能來找你啦！」錢老闆搖頭，「那麼，你對有錢人的看法呢？」

阿南看著錢老闆，說不出口。

「沒關係，百無禁忌哦！直觀地說出你對有錢人的想法，我不會認為它是針對我個人。」錢老闆安撫阿南。

「嗯……有錢人都不太善良，也不快樂，而且……而且有時候會用不正當的手段賺錢。」阿南愈說愈心虛，眼睛不敢看錢老闆。

「呵呵！好！好！難怪你一輩子都無法成為有錢人。」錢老闆完全不以為忤，一邊快速地把阿南的話記下來。阿南說完，不好意思地看著錢老闆。

錢老闆低頭看了看抄下來的東西，一面笑著說：「這些舊信念，就像你的舊衣服，都過時了、破舊了。你應該用新的信念，也就是對你更有利的信念來取代它們，因為它們不過就是些思想罷了，何必抱持著不放？」接著，錢老闆的臉色轉為嚴肅，認真地告訴阿南，「成功是一種習慣，失敗和平庸也不過是一種習慣。你要看見自己的不良習慣，然後下定決心轉變它們。」

阿南受到鼓勵，坐直了身子，眼睛發亮地看著錢老闆。

「真正的勇者，是能夠征服自己的人，這才叫作真正的勝利。」錢老闆繼續鼓舞阿南。

「好！」錢老闆看到阿南能量的變化，知道這個年輕人有心求好，於是說：「我們現在來為你的舊信念換上新衣服。我來說說你的信念，你來反駁我！」

「啊！」阿南吃了一驚，不知道錢老闆葫蘆裡賣的是什麼藥。

「我會一項一項說出你的這些舊信念，」錢老闆耐心地解釋，「你提出不一樣的觀點來駁斥它們。」說完，不管阿南懂不懂，錢老闆就說，「錢不重要！」然後抬起頭帶著挑戰的眼光看著阿南。

阿南遲疑了半晌，開始說：「錢很重要。它不是萬能的，但沒有錢卻萬萬不能。」這句話阿南以前就聽過，可是那個時候他沒有採信，也就是說，沒有把它納入自己的信念中。現在阿南決定採取不同的觀點。「有了錢，你可以過更好的生活，讓你所愛的人也過得更好，同時，可以幫助更多窮苦的人，做更多好事。」

錢老闆滿意地點點頭，低頭又繼續唸：「錢是罪惡的，有了錢會腐化一個人。」

阿南低頭想想，又堅定地說：「錢只是工具，看你怎麼用它。有了錢以後，一個人的本性會因為錢而擴大，也就是說，善良的人會拿錢做很多好事，心術不正的人拿了錢就會沉淪，但這與金錢本身無關。」阿南好像開竅似地，觀點源源不絕地出現。

「有錢人都不善良，不快樂，手段不正當。」錢老闆語帶譏諷地唸著。

「這只是你褊狹的觀點而已。我也看到很多善良、快樂且透過正當經營手法賺了很多錢的有錢人。」阿南用手指了指錢老闆。另外，他想起其實程老師也算有錢人呢，他也是很快樂、很善良。可見這些觀念只是阿南從小不知道從哪裡得來的觀點，從此緊抓不放，從來沒有去挑戰、檢視它們。但是這些想法的威力卻無窮，如果不去檢視並校正，真的會影響自己一生！

23

這些垃圾從哪兒來的？

自問自答修正法

只要出現心想事不成的狀況，你就知道有舊信念在阻撓了。這時，你可以去檢視自己對那件事情的信念，找出新的觀點來駁斥原來的舊觀點。

對於阿南的對答如流，錢老闆很滿意地讓他過關，然後說：「你看！**這些信念已經成了你人生中的背景雜音，你平時覺察不出它們的存在。**有些人去進行什麼心想事成，但如果不先檢視和修正內心深處這些潛藏的信念，就像雙頭馬車，各拉一個方向，不管用啊！」

阿南若有所悟地點點頭，突然想起一個重要的問題：「我這些信念是怎麼來的啊？」

錢老闆笑笑，像是嘉許阿南的用心：「這些信念，基本上是你小時候耳濡目染，還有因為一些特定事件的發生而形成的。」

看到阿南皺起了眉頭，錢老闆進一步解釋：「所謂耳濡目染，就是你在周遭環境中看到什麼、聽到什麼，然後加以吸收消化的結果。至於每個人吸收消化的過程，就和各人天生的個性，以及他看事情的角度有關啦！」

接著，錢老闆讓阿南回想小時候家人對金錢的態度。阿南的父親其實是個讀書人，但懷才不遇，便選擇務農為生，對金錢基本上的態度就是「鄙視」。這種態度當然影響了阿南，如果不加以修正，阿南此生大概都與金錢無緣了。

錢老闆接著說：「但是，有些人採取逆向操作的方式。比方說，他的父母極其節儉，但是他會選擇叛逆而行，變成一個揮霍成性的人。當然，」錢老闆解釋，「這就是我剛才說的，每個人吸收消化過程的不同。」然後錢老闆又要阿南回想，有關對於金錢的態度，在他小時候是否發生過印象特別深刻的事。

阿南仔細回想，五、六歲那年，他正在田裡和阿信玩泥巴，村裡來了一頂漂亮的八人大轎，轎上的漆刷得特別亮眼。阿南和阿信好奇地前去看熱鬧，忍不住用泥巴小手摸摸那頂轎子。轎上剛好下來一個腦滿腸肥的有錢員外，看到兩個泥巴小孩在摸轎子，便給他們一人一記大巴掌，叫他們滾蛋。

阿南當時覺得很委屈，當然也種下了自卑的種子，而另一個深刻的印象就是：「有錢人都不是好東西，都不善良！」可是阿南也記得，阿信當時的反應就不一樣。

他用手摸著自己紅腫的臉頰，以羨慕的眼神看著員外，嘴上說著：「哇！有錢人真神氣，可以坐這麼好的轎子。」

阿南告訴錢老闆這段往事，錢老闆聽了直笑，問道：「後來阿信發展得如何？」阿南想起上次回去接公主時，剛好在城外碰到兒時玩伴阿信，他這些年來積極地到外地做生意，來回奔波。阿南聽鄉親說，阿信這幾年發財了，生意愈做愈大，財源廣進。

錢老闆看看阿南，說：「這就是了。你們碰到同樣的事情，但由於消化吸收的過程不同，當時你們各自在心裡做了一個決定，也影響了你們兩人未來的一生。」

阿南低頭不語，過了一會兒，他抬頭看看錢老闆，問道：「我們每個人小時候都碰過很多事情，當時也可能都做了一個不是很正確的決定，同時又耳濡目染了很多觀念，怎麼可能一個一個去對付、消除呢？」

錢老闆一笑，說道：「很簡單。不需要一個一個去對付，只要出現心想事不成的狀況，你就知道有舊信念在阻撓啦。這時，你可以去檢視自己對那件事情的信念，然後用我剛才和你練習的步驟去做就可以啦！」

「是自問自答嗎？」阿南問。

「你也可以寫下來，然後寫出新的觀點來駁斥原來的舊觀點啊！」錢老闆又補充說，「當然，人的舊模式行之有年，不可能一朝一夕就消除。你必須不斷努力，例如運用靜默冥想來培養覺察的能力，用其他各種方法來重新設定自己的信念，你一路上也學了不少吧！」

阿南點點頭，又低頭沉思了一陣子，再度問道：「所以，『心想事成』應該是我們與生俱來的能力吧？就是因為太多不正確或不適合的信念從中作梗，所以無法每個人都實現自己的夢想，是嗎？」

錢老闆欣慰地看著阿南：「的確是這樣！你這小子資質不錯，人又老實，不如留下來當我的助手吧，我這裡正缺人呢！我可以從頭教你怎樣做生意、賺大錢！」

阿南感激地看著錢老闆：「謝謝你這麼看重我，可惜我還有一個心願未了，如果能夠順利解決，而機緣又來到，我十分願意受教於你，好好跟你學習！」說完拱手作揖，就準備離去了。錢老闆看阿南說得誠懇，知道再挽留也沒用，但還是讓阿南留宿幾天，兩個忘年之交談得十分投緣。

直到阿南覺得自己實在打擾太多天了，而且掛心家裡的事，便再三請辭。錢老闆依依不捨地放人，臨行前交代再三，提醒阿南辦完事之後一定要再來找他。

阿南辭別錢老闆，依依不捨地離去。離開時，阿南非常納悶，原先自己對有錢人的印象真的不太好，沒想到短短幾天，竟然和一個有錢人成為好友。人生真是太奇妙啦！

告別錢老闆之後，阿南又踏上旅途。他覺得此行的收穫已經非常豐富，有好多心得可以回去和王子分享、討論。當然，他最掛念的還是大叔一家的安危，以及家人的狀況。所以，阿南急忙想趕回王子的山洞。

愈急著趕路，愈是迷路，眼看日上三竿了，走的路卻愈來愈陌生。正著急時，阿南看見路旁有個農家女正快樂地曬著一家人的衣裳，便決定去打聽一下。

24 走出受害者模式

讓理性與感性平衡的技巧

每個人在生活中或多或少都會成為受害者，只要你在抱怨，不管是口頭上抱怨出聲，或者在心裡沉默地抗議，多少都是受害者心態在作祟。

「請問，你知不知道王子的山洞在哪裡？」阿南問。

農家女抬起頭，看到阿南，圓圓的大眼睛笑成一彎月牙，令阿南想起了一個人。

「王子的山洞，我知道啊，不過，你找王子什麼事呢？」

阿南真不知道該怎麼回答，只好簡單說明了與王子相遇的經過，以及這次離開王子出遊的目的。

農家女靜靜地聽著，最後笑著說：「那你真是來對地方，我就是你該遇見的第五個人。」

阿南一聽大喜，連忙請教農家女：「你還有什麼解除人生模式的好方法嗎？」

農家女點點頭，示意阿南坐在她家院子的木頭椅子上，然後打開了話匣子：

「我從小出生在一個很富有的家庭，我的父親原先是個富家子弟，所以小時候我受過很好的教育，家庭環境也非常優渥。但是我父親生性愛賭，最後不但輸光了家產，還跟一個女人跑了，丟下我媽和四個小孩。

「我媽也是個嬌生慣養的富家女，可惜家道中落，加上所託非人，從此一蹶不振。她每天酗酒度日，我的大哥、大姊從小就得去乞食和打零工，回來餵飽我和弟弟。我的母親沒有一天不咬牙切齒地埋怨我父親，她這種受害者心態和情結影響了我，也成為我的人生模式。」

說到這裡，農家女停下來看看有點困惑的阿南，阿南不好意思地問：「什麼是『受害者模式』啊？」

「受害者的角色，就是不為自己生命中的任何事情負責，只會責怪別人，把所有的責任都推到別人身上。如果有什麼該做但是做不到的，就會說：沒辦法，我就是這樣。受害者會不停地抱怨，怨天尤人，充滿無力感，認為都是別人害他變成這樣的，他沒有辦法。」

農家女說到這裡，溫柔地看著阿南：「其實，每個人在生活中或多或少都會成為受害者，只要你在抱怨，不管是口頭上抱怨出聲，或者在心裡沉默地抗議，多少都是受害者心態在作祟。」阿南明白了，點點頭。農家女看著遠處正在嬉戲的小狗，繼續述說自己的故事：

「我長大以後，也一直有怨天尤人的心態。結婚後，整天擔心丈夫變心，而我的老公當然不負我『所望』，愛上別人，跑了！我帶著兩個年幼的孩子準備投湖自殺，因為我認為全都是我老公害的，我要他一輩子都不好過。

「就在準備投身入湖的時候，王子出現了。他睿智的話語和一針見血的見解令我折服。我開始每天探訪他，聆聽他的教誨。但是，即使聽了很多道理、即使心悅誠服，但我的舊有模式太強烈了，還是常常對周圍的人、事、物有怨懟的想法，覺得事情都是衝著我來的，大家都在找我麻煩，我真可憐，每次都被人欺侮或陷害。

「最後，王子使出絕招，讓我用一種方法試試看。這個方法很神奇，好像巫術一樣，但確實有效。[1]」

阿南聽到這裡已經心癢難耐，迫不及待地希望農家女快點教他這個方法。農家女看到阿南的猴急樣，也覺得好笑，但她還是緩緩道來：「這個方法能平衡你的理性中心和感情中心。**我們的頭腦代表理性，但情緒是感情用事的，兩者必須取得平衡**。所以，它的設計是從你的眼睛、耳朵、身體和心靈四個層面著手，把你想要的正面信念帶入意識深處，取代原有的舊模式。」

說罷，農家女站起來，兩隻手臂伸直向前，十指相扣，但是兩個大拇指並不交叉，而是一同向上。然後她開始用手臂畫8，從左下角開始，向右上方開始畫8字，在8的中心點時，手臂是向上畫，而不是向下。農家女一邊畫8字，眼睛還盯著大拇指看，頭保持不動，身體還是挺直的，嘴巴一邊大聲地說：「我為我的幸福快樂負責。」她持續了大約三十秒，然後告訴阿南，「這個動作是讓你的『視覺』參與信念的調整過程。」

接著，她又進行了第二個動作。她的右手放在右耳上，左手放左耳，從上到下用拇指和食指按摩耳朵的邊緣，而且重複地說：「我為我的幸福快樂負責。」也是三十秒，「這個動作是讓你的『聽覺』感受到你說的正面信念。」

然後，她站立著，兩隻手臂打開向上，在手肘處彎曲。然後用右手肘，去碰觸抬高的左膝蓋，身體自然向左側轉，回到原位後，再用左手肘去碰觸抬高的右膝蓋，身體自然向右側轉。她的動作輕柔緩慢，嘴裡還是說著：「我為我的幸福快樂負責。」也是三十秒，「這個動作是利用你的動覺、動感，把正面信念植入你的身體、潛意識

1. 這幾個動作是我在《有錢人想的和你不一樣》作者所教授的密集課程中學到的，它是以神經語言程式學（NLP）的原理發展出幫助平衡左腦和右腦的方法，為的是把我們希望重新設定的好信念，藉由更多感官的參與和身體的動作，深植入潛意識裡。也許你會覺得怪怪的，有點可笑，但如果你說你想要快樂（或者想要財富、想要解除某個讓你很痛苦的制約），卻連這個簡單且不需要被別人看到的動作都不願意做，那麼，你追求解脫的意願也許還不夠強烈。我自己試過很多次，每次做完都覺得輕鬆愉快。

之中。」農家女補充。

最後，她把兩隻手掌疊放在心口上，讓手心可以感受到說話時聲音在胸腔的振盪。農家女閉上了眼睛，虔誠地說：「我為我的幸福快樂負責。」也是持續三十秒，然後農家女又說：「這個動作可以讓你的靈魂、你的心，感受到正面信念的力量。」

做完以後，農家女睜開眼睛，看到瞠目結舌的阿南。

阿南忍不住問道：「這是哪門子招式啊？」

農家女笑笑說：「看起來很怪哦？我不是說了嘛，它是從你的眼睛、耳朵、身體和心靈的層面著手，把正面信念深深種入它們之內。這樣，你就不會產生身不由己的痛苦啦！這是一種調和表意識和潛意識的方法。」

「可是，可是……」阿南還是覺得無法接受。

農家女說：「做一些沒有人看得到的奇怪動作，可以化解你最頑固的人生模式，有什麼損失呢？」然後她又掩著嘴笑，「搞不好，你的人生模式之一就是，寧可不快樂，也不要做一些奇怪的事吧，呵呵！」

阿南一聽，也對！和內在的自由與快樂相比，做一些自己不習慣的事情又何妨？當下茅塞頓開，準備辭別農家女。臨行前，農家女特別交代：「記住，這個方式是當你真心相信你應該為自己的幸福快樂負責，或者至少在頭腦層面，也就是意識上

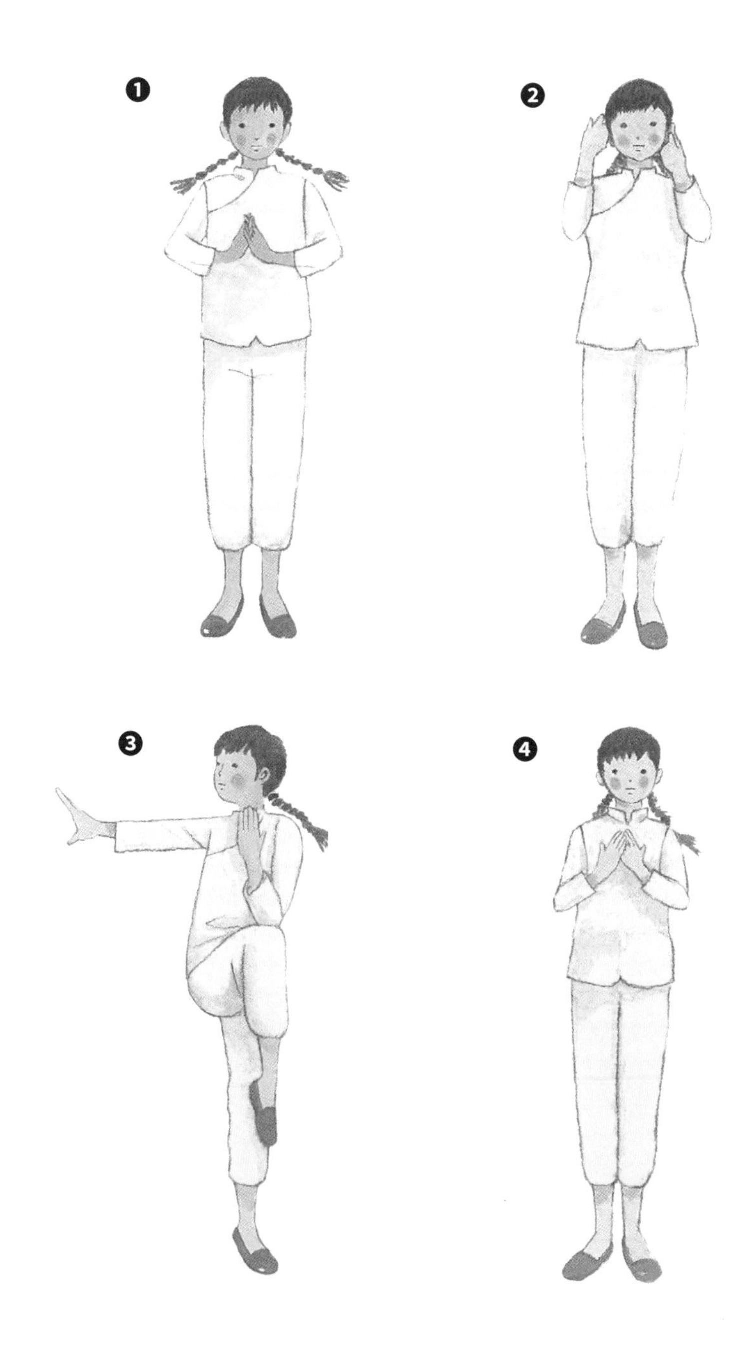

認同你說的正面語句時，才會有效。這個招式是讓你頭腦認可的東西能夠深入到你的潛意識中，如果在頭腦層面你就不相信，做起來就沒用了哦！」

阿南再三謝過農家女，就朝向她指引的王子山洞行進了。

25

心想事成的捷徑

短短的祈禱詞

人常常為自己設定一個「外在」目標，拚死拚活地想要達到，卻忘記與自己「內在」真實的聲音連接、溝通，最後反而造成矛盾，有時想收手都來不及了。

王子遠遠地就看到阿南的身影，而阿南最後幾步幾乎是狂奔著朝王子快跑過去。王子看到幾天不見的阿南臉上多了祥和、成熟的神韻，感到非常欣慰。阿南則是殷切地期待王子告訴他最新的消息。

兩人又如往常般在大石頭上坐定。王子帶著愉悅的眼神，有點揶揄地看著阿南：「要先聽好消息還是壞消息？」阿南心一沉，先做好最壞的打算，此刻他又開始覺得自責、歉疚，恐懼的情緒甚至從他的小腹下方直直升起。他把注意力帶到那裡觀察它們，眼睛一閉上，也不理王子了。

王子非常欣慰地笑了，靜靜守著阿南，看他處理自己的情緒。過了一會兒，阿南張開眼睛，就說：「先聽好消息吧！」

王子笑著說：「好消息就是，大叔一家人和你家人都平安無事。」看到阿南如釋重負的表情，王子也為他高興。「你擔心的阿信根本沒有去通風報信，所以達非國王並不知道是誰擄走公主。你的家人很為你擔心，不過我的人已經告訴他們你目前安然無恙，遲早會回去探望他們。」

阿南放下心中的大石頭，呼出一口氣，覺得身上的氣都順多了。

「至於大叔一家，被關在牢裡一段時間。」阿南一聽，臉色又黯然，低頭不語，「但是甚美國和山城國並沒有開戰，因為睿智的宰相和冰雪聰明的公主從中調停，最後有了一個皆大歡喜的結局，兩國結盟，互為友邦。」阿南點點頭，知道宰相和公主的厲害。

「公主後來為了找你，循線找到關在牢裡的阿秀一家人。好心的公主當然把他們都放出來啦！」

阿南抬頭問：「公主找我？」

「是啊！」王子笑得更開心了，「這就是我說的壞消息，呵呵！公主要實踐她的諾言。」

「什……什麼諾言?」阿南的聲音都有點顫抖了。

「誰找到了秘密就嫁給誰啊!」

阿南一愣,面有難色地又低下了頭。

「哈哈哈!」王子忍不住大笑,「你看!沒多久之前還想得要命的事情,現在實現了,怎麼了,又不想要啦?」

阿南確實為難。這些日子以來,除了母親和姊姊之外,他最思念的人就是阿秀。阿南也許在不知不覺中已經愛上了她,可是前陣子自己還一味地追求迎娶公主的可能性,完全忽視內在深處真正的渴望。阿南皺著眉頭,好生為難。王子又哈哈大笑,阿南抬起頭來,覺得王子這回有點幸災樂禍,不禁有點微慍。

「你看!人就是這樣,常常為自己設定一個『外在』目標,拚死拚活地想要達到,卻忘記與自己『內在』真實的聲音連接、溝通,最後反而造成矛盾,有時想收手都來不及了。」王子看看阿南,決定放過他,柔聲地說,「別擔心,公主當初和達非國王有一年之約:尋找秘密的人如果不能在一年之內達成任務返回山城國,公主必須聽從國王的命令,另外擇偶而嫁。你算算,你離開山城國多久啦?」

阿南一聽大喜,掐指一算,離開山城國的時候是春天,現在已經是冬天了。只要在王子這裡再待上幾個月,就可以解除義務啦。阿南高興地跳上跳下,王子看了只是搖頭苦笑。

接著，王子要求阿南把在神秘學院與這些日子所領悟的觀念，好好融會貫通，整理一下。阿南於是整理出煉金師教授的步驟圖，並加上王子講的信念，以及解除信念的方法。

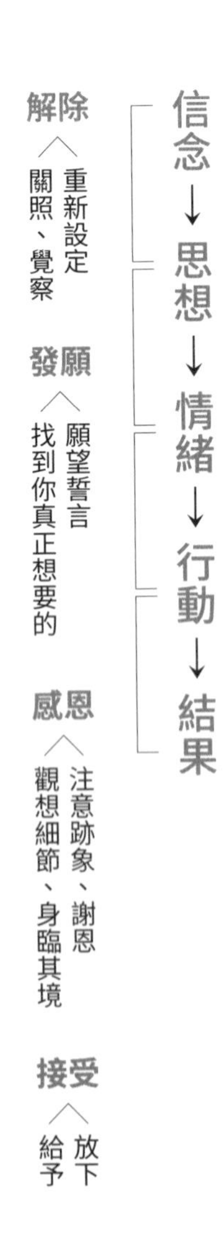

王子看了阿南整理出來的觀念，點頭稱許，卻也強調：「禪定是所有修練的基本功夫。」然後在圖的最左邊加上「禪定」兩個字：

信念↓思想↓情緒↓行動↓結果

解除〈重新設定
關照、覺察

發願〈願望誓言
找到你真正想要的

感恩〈注意跡象、謝恩
觀想細節、身臨其境

接受〈放下
給予

禪定

「禪定可以增長覺察的能力，在思緒不活躍的狀態下，從內在油然而生的智慧可以幫助你重新設定你的人生模式。當然，禪定也可以讓你更貼近心裡真正的需求，所以發願時，你會感知到自己真正渴望的是什麼。在禪定中感恩，也是最好的一種習慣，或者說，帶著感恩的心情禪定，會讓你與我們的源頭更加接近。**在等待宇宙回應的接受階段，禪定更可以培養你的慈悲心和不執著的心態，讓宇宙的能量自由地在你身上進出。**」

王子說完，看看阿南。阿南很快就吸收了這些複雜的概念，王子也十分欣慰。「最後，」王子再度強調，「我們都來自一個無形的靈性世界，那是我們的源頭。那個源頭是豐盛、無所不在的。如果能夠掃除內心的障礙，直接連接上那個源頭，那麼，每個人都可以恢復與生俱來的心想事成能力。」

阿南聽了，悠然神往，只聽見王子又說了：「有一條捷徑可以做到！」阿南立刻睜大眼睛，又是滿懷期盼地看著王子。王子笑笑，知道阿南還是那個充滿好奇心和鬥志的孩子。

「這條捷徑就是祈禱。當你祈禱時，就是祈求更高智慧讓你可以穿越自己的層層模式，並感恩宇宙為你帶來真心想要的東西。禱告後，你只要靜待回音就可以啦。記住，宇宙可以觀照到全域，我們卻做不到，所以『放手』和『信任』很重要！」

阿南的眼珠骨碌碌地轉：「那麼，有沒有比較恰當的祈禱詞呢？」

王子看著突然變得滑頭的阿南，忍不住笑了。

祈禱

信念→思想→情緒→行動→結果

禪定

解除〈重新設定／關照、覺察

發願〈願望誓言／找到你真正想要的

感恩〈注意跡象、謝恩／觀想細節、身臨其境

接受〈放下／給予

「好吧！我們來試試這樣的祈禱詞。」王子說。

親愛的宇宙啊！（也可以換成「最高力量」，或是任何與你有對應、感應的神明的名字）

我想要＿＿＿＿＿＿＿＿＿＿（寫下你此刻的願望）。

因為＿＿＿＿＿＿＿＿＿＿（寫下你最終想要的狀態）。

感謝你為我移除阻礙這件事情的信念或模式，並以你認為對我最好的方式來成全它。

「就這樣，解除、發願、感恩、接受，都涵蓋在這個短短的祈禱詞裡。」王子開心地說，「不過很重要的一點是，你必須處於那個祈禱已經被聽見、願望已經達成的『感覺』之中。這就是信任與臣服——我們一生都要學習的功課。」

26

最後的夢想成真

讓宇宙來成全

你不可能經由一個沒有喜悅的旅程，到達一個喜悅的終點。在過程中保持一顆喜悅的心，無論最後是否達成目標，至少我們曾經擁有美麗的、愉悅的過程！

阿南聽了王子的祈禱詞後，忍不住想試試看。他開始默唸：「親愛的宇宙啊！我希望能夠找到此生的理想伴侶，因為我想要有美好的婚姻生活。感謝你為我移除阻礙這件事情的信念或模式，並以你認為對我最好的方式來成全。」

雖然阿南已經確定阿秀是他心中所愛的女人，也想與她共度一生，但他記得王子說過，不要為難宇宙，而且要放手和信任，所以禱告詞最後那句「以你認為對我最好的方式來成全」就是一個緩衝，讓宇宙留有餘地，以它觀照全域的能力為阿南做出最好的選擇。

阿南同時也回想，自己有什麼樣的信念或模式會阻擋一份好姻緣的到來？可能就是「我不夠好，我不配得到」的想法吧。阿南決定用農家女教的招式來對付這個信念。因此，他每天除了祈禱，還做農家女教的四套動作，一邊做一邊唸著：「我是有價值的，我可以擁有我想要的。」其實很簡單，不到兩分鐘就做完了。

有一次，阿南正在做那些動作時，剛好被王子看到。王子還開玩笑說：「那個農家女還在做那玩意兒啊！」

阿南笑笑說：「我們的人生模式真的很多，發現一個對付一個！」

王子讚賞阿南：「沒錯，就是這樣！不要急，慢慢來，一個一個對付它們。」

阿南也同時體會到，自己對未來還是有些不確定的焦慮，這源自於如果春天來臨，他回到甚美國或山城國時，能否如願與大叔他們團聚，看到阿秀，也能回家探望老母親。因此，阿南的另一個禱告詞就是：「親愛的宇宙啊！我感覺到恐懼和焦慮，我希望有內心的平安和寧靜。感謝你為我移除阻礙我獲得平安和寧靜的信念或模式，並以你認為對我最好的方式來成全。」

當然，阿南也沒忘記煉金師所教導有關能量振動的吸引力法則，所以他每天保持愉快的心情，尤其祈禱的時候，他總會觀想自己和心愛的女人相處時那個愉快、耳鬢廝磨的快樂景象，也會觀想自己見到大叔一家人的欣喜，還有回家看到親人時的雀躍。

阿南每天花很多時間和王子在一起，在定靜中感受那股來自源頭的平安和喜悅。他感覺內在愈來愈平靜、安寧，呼吸更加順暢，身體也更為有力，而這種力量來自內在——從內在空間綻放出來的力量。阿南也終於明白，為什麼太后即使知道了心想事成的秘密，二十年來還是無法尋回愛女。因為太后心中有很多恐懼和貪念，又一直沒有走出當年痛失愛女的痛苦，也沒有接納這件事，更別說寬恕讓她失去愛女的人了。這些負面能量和抗拒阻礙了宇宙能量的流動，讓她心想事不成。

就這樣過了一段時間，冬天來臨了。有一天，雪花開始不停飄落，阿南在山城國很少看到這麼一大片一大片的雪花，忍不住在雪地裡打滾玩耍。

王子微笑地看著阿南，用手接住幾片雪花，拿給阿南看：「你看！這麼多雪花，它們的形狀沒有一片是相同的，每一片雪花都是宇宙的一個彰顯。」

阿南看著雪花，若有所悟地說：「就像我們人一樣，沒有一個是相同的。所以，**我們也是宇宙不同方式的彰顯和表達。**」

王子點頭讚許阿南，並說：「我們每個人都有獨特的個性和天賦，我們來到這個世界，就是要讓宇宙透過我們的獨特性來展現它自己。除此之外，如果能夠利於他人，就更不虛此行了！呵呵！」

阿南聽了很有感觸，決定到附近更高的山峰去祈禱，並且賞雪。

爬上那座山峰之後，阿南看到四處白雪皚皚，美不勝收，於是再度跪下祈禱，向著宇宙、向著大自然說出自己的渴望和心聲，並觀想自己覓得愛侶和見到親友後的喜悅，然後大喊：「感謝你！宇宙！」阿南的聲音在山谷裡迴盪。

接著他又喊：「謝謝你給我想要的，或是你認為對我最好的！」又是一陣空谷回音。

突然，阿南聽到一個微弱的聲音從遠處飄來，似乎是有人在叫喊，是個比較清脆的女聲。阿南仔細一看，遠處滾來一個大雪球，愈來愈近，仔細看清楚，居然是飛天寶馬在狂奔，因而飛濺起一堆雪花。飛天寶馬上坐著一個人，看不清楚是誰，但是那兩條熟悉的小辮子卻令阿南心跳加速。

「阿秀？」阿南喃喃自語，「阿秀？」雪球愈靠愈近，果然是阿南朝思暮想的阿秀在馬背上向阿南招手。

阿南呆了半晌，以為自己在做夢，習慣性地捏捏耳朵，然後對自己說：「我是有價值的，我可以擁有我想要的。」過了一會兒，又聽到清晰的呼喊：「阿南！」他這才真正回過神來，二話不說地立刻衝下山。

阿南張開雙臂，身形輕盈，向下俯衝，感覺自己像隻展翅的大鵬鳥，正飛向喜悅的未來。

心想事成
30天實踐計畫

第一步
寫下你的夢想句

夢想句的三個注意事項

1.夢想句要正面，避免「不要」「不會」等負面詞語。

例如：

我不要生病。×

我希望身體功能運作正常，精力充沛。◯

宇宙、最高力量，就像我們的潛意識，聽不到「不要」「不能」「不會」這種負面的詞句。所以當你說「我不要生病」時，源頭的力量聽到的是「生病」這兩個字，發願時要特別注意這一點。另外，平常的所思所想也都要正面。這個原則也可以運用在跟別人溝通的時候，與其告訴對方「你不要」「我不希望你」，不如使用正面的鼓勵方式，尤其是和孩子說話時，這點特別重要。

2.夢想句要實際且清晰

你要求的東西要具體、清楚，同時列出你之所以想要那項人、事、物的原因，好讓宇宙知道你真正想要的是什麼。例如：

我希望有錢。×

我希望＿＿歲以前能有＿＿的錢，因為我希望享受財務自由所帶來的輕鬆愉快。◯

這一點其實包含兩件事。

第一就是釐清自己的願望：你到底要什麼？知道自己背後的動機，能夠幫助你集中意念，讓念力、願力更為集中。

第二件事情是，當你說出最終想要的狀態（例如有個知心伴侶可以愉快地共度此生，而不是非要嫁給某個人），宇宙就知道你要的不是那個人，而是最終的美滿婚姻。到底誰才是可以給你美滿幸福婚姻的人，宇宙可比你清楚多了。所以，說出了最終的狀態時，我們就不會為難宇宙，而它也會帶來真正能夠服務我們、讓我們幸福的事物。

3. 夢想句要聚焦在自己身上，而不是別人身上

你要對自己負責，不是讓別人負責。例如：

我希望老公愛我。×

我希望和老公有個和諧的關係。◯

我特別提出這一點，是因為很多人以為心想事成可以用來操控別人，例如讓花心的老公回心轉意、讓不聽話的孩子變乖、讓老闆脾氣變好等等。這是一個錯誤的幻想。心想事成的原理是吸引力法則，是你本身散發出來的頻率在吸引人、事、物進入你的生命裡。如果我們發願、祈求、觀想，都在要求別人改變，這是不切實際的。會相信心想事成、並願意實行的人，都應該知道：外在的世界是我們內在的投射，外面沒有別人（可以參考我的另一本書《遇見未知的自己》）。

接下來，請寫下你的夢想句，並檢查它是否符合以上三個注意事項：

我想要＿＿＿＿＿＿＿＿＿＿＿＿＿＿＿＿＿＿＿＿，

因為＿＿＿＿＿＿＿＿＿＿＿＿＿＿＿＿＿＿＿＿＿。

第二步 排除夢想的路障

在這個步驟裡，請找出你的「內心」深處可能有什麼樣的因素、信念、想法和模式等，讓你的夢想無法實現。有時候，阻止我們夢想成真的因素可能是埋藏在我們心中的一個信念，而找到這些信念的過程有時像剝洋蔥般一層一層地，一邊流淚一邊深入，最後才找到關鍵點。所以，我建議你先去看看我在後面舉出來的五個案例，對照自己是否也有這種限制性信念。

你所寫的句子應該是這樣的：

我的夢想如果無法實現，那是因為我＿＿＿＿＿＿＿＿＿＿＿＿＿＿＿＿＿＿＿＿＿＿＿＿＿＿＿＿＿。

例如：

我覺得這是不可能的↓因為我覺得自己沒那麼好運↓因為我不配得到

我老是失敗，做不好事情↓因為我就是一個很差勁的人

我覺得我不會找到好伴侶↓因為我對親密關係有恐懼感

我覺得我就是與金錢無緣↓因為我對金錢有錯誤、負面的觀念↓我覺得金錢很骯髒（或者會帶來詛咒，而不是幸福）

記住，請同樣不要把原因放在「外在」。外在的人、事、物都是我們內在的反映和投射，這個步驟是在尋找阻礙你夢想的限制性人生信念和模式，這些信念和模式是在你之內，不在外面。這是一種「瀉」的功夫，所以箭頭要向內尋找標靶，而不是在外面尋找。找到之後，就把它轉變成正面的信念。

會阻礙你成就夢想的限制性人生信念和模式可能不止一個，你可以把它們都寫下來。在每天的例行功課中，我們會幫助你把與這些信念相反的正面信念建構到你的潛意識裡。

列出可能阻礙你實現夢想的內在因素

我的限制性人生信念和模式：____________

正面信念應該是：____________

為了讓大家了解、並且能夠探索自己的限制性信念，以下我舉出五個案例作為參考，大家可以自行「對號入座」。

案例❶ 滿懷怨懟的妻子

月華是個三十五歲的職業女性，她薪水不高，家庭的主要收入來源是老公陳康的外商高薪。三年前，月華發現陳康有了外遇，對象是他的女同事。雖然這段辦公室戀情最後無疾而終，但這個打擊一直讓月華憤憤不平。礙於八歲的女兒，月華隱忍著不提離婚，因為她覺得自己沒有養活孩子的能力，如果離婚，孩子歸老公又不甘心，也捨不得，但是她對陳康愈看愈不順眼。月華覺得陳康對她沒有「性趣」，卻喜歡上色情網站看年輕漂亮的美眉。陳康菸不離手，出門隨地吐痰，又愛打麻將、上KTV，老是不回家，月華真是有滿腹的怨懟。知道有心想事成這回事之後，月華希望藉由這個方法讓老公不抽菸、不吐痰、不上色情網站，並且不要那麼晚回家。

案例分析

月華在潛意識裡其實對老公有「瞧不起」的心態，這是造成陳康外遇的主要原因。夫妻之間、親人之間，甚至陌生人之間，很多事情是不需要說出口，對方就能感受和接收到的。為什麼會「瞧不起」別人呢？這當然源自我們覺得自己不夠好的心態。這個「我不夠好」的心態常常是我們人生的背景音樂，當我們不想聽到它的時候，就去責怪別人、看輕別人、貶低別人，好讓自己覺得好過些。

同樣地，月華對陳康外遇的無法原諒，和對他生活習慣的厭惡之情，也是溢於言表，這樣的負面能量迫使陳康對月華更加沒有興趣，寧可流連KTV、麻將桌，也不願意回家。就算回家，上網看正妹當然比面對一個滿懷怨恨又瞧不起自己的女人好。然而，這些行為卻更加觸痛了月華本身的「無價值感」，所以造成惡性循環，夫妻漸行漸遠。

月華表面上的心願，是要陳康別抽菸、別吐痰、別上色情網站，這些全是負面表述。月華真正想要的，是一個相互敬重、和諧的夫妻關係，抽菸、吐痰、色情網站全是表象的事物，即使陳康全都修正，很快地，月華又會在他身上找到別的她看不順眼的地方。所以，月華真正要做的，是改變自己內在的心態。

向別人要求愛之前，你要先付出愛；在要求別人的尊重之前，你必須先尊重別人。月華的期望，也是每個女人的期望，就是有一個幸福美滿的家庭，但這個願望並不是靠「對方」改變就能達成。我們生活上所有的問題，都是內在古老的傷痛造成的，月華必須願意面對自己的無價值感，一步一步地修正自己，而找到真正的自己後，她想要的事物就會隨之而來。

她的夢想句可以是：**我希望重新燃起對老公的愛意，有個幸福美滿的家庭。**

阻礙月華實現夢想的原因，是她對老公的不滿意、不尊重。她可以決定換一個老公，或是在現有的基礎上改善關係。

讓月華不滿意和不尊重老公的限制性信念可能是：我是沒有價值的，我是不值得尊重的，我是應該被背叛的。

因此，她要灌輸給自己的正面信念應該是：

我是有價值的。

我是值得的。

我是美好的。

案例❷ 憂心忡忡的母親

春惠有個十四歲大的兒子小鈞。小均小的時候很乖、很聽話，但進入青少年時期以後，行為愈來愈偏差——念書不專心，一天到晚玩線上遊戲，有時玩到三更半夜，要他關機還發脾氣。孩子的父親正明工作很忙，一天到晚不在家，對孩子的管教方式動不動就是打，因此春惠也不敢跟老公抱怨，怕老公又對孩子拳腳相向。但是看著小鈞課業成績一天一天下滑，春惠憂心如焚，卻又不知道該怎麼辦。知道心想事成之後，春惠希望這個方法能夠幫助她讓小鈞別再玩電腦遊戲，專心學習。

案例分析

孩子行為有偏差，問題永遠是在父母和整個家庭的氛圍上。在這裡我們看到，小鈞父親的管教方式會讓小鈞從小自我價值感就非常低落。而被父母一味寵愛的孩子，也會因為不知道自己的行為界限而十分迷茫，同樣找不到自我價值。

有的時候，很多父母把孩子視為自己擁有的財產，在孩子身上尋找自我感。所以，隔壁的阿明考上了明星學校，我的孩子如果沒考上就很丟臉；姑媽的嬸嬸的兒子申請到獎學金出國留學了，我們家的大寶也得出國喝喝洋墨水，否則就會不如人，被比下去了。這樣的父母對孩子的隱性要求是：我要靠你為我爭光，這樣我才知道自己是誰；你最好別讓我失望，因為我生你養你，你不能對不起我。

孩子天生就是最敏感的小雷達，父母表面上怎麼說、怎麼做，都不如他們在能量層面、心理層面的感受來得有說服力。如果孩子覺得父母把他們當作增加父母自身價值感的工具，而在心靈層面未與父母有所溝通和連結，到了青少年時期，很自然的行為反應就是「叛逆」——你愈要我怎麼樣，我愈是不這麼做。

春惠的問題看起來好像在別人（孩子）身上，但春惠可以做的，就是成為一個可以理解孩子、認同孩子，讓孩子能信任的母親。沒有小孩會願意整天打電動，讓課業成績一落千丈，在學校受到老師的歧視、同學的嘲笑，自我感覺也特別差，在家裡又會受到父母的壓力，到處無容身之處。

孩子之所以選擇沉溺、逃避，是因為他內在也有一個自我譴責的聲音，一直在告訴他那些他不想聽也不想面對的事。那些事你要他跟誰說呢？內心的痛苦有誰可以分享呢？我們為人父母者有沒有做到讓孩子願意跟我們分享他們的困惑、痛苦，而不會受到責罰、擔心和嘮叨呢？

父母和孩子如果永遠站在敵對的兩岸，孩子會覺得和父母是疏離的，有苦也無處申訴，有時父母甚至就是他們生命中最大的痛苦來源。因此春惠可以做的，就是改變自己，做個與孩子站在同一陣線的母親。怎麼做呢？向宇宙祈求吧。當我們願意謙卑地放下自己的掙扎，並開口求援，宇宙會慷慨地回報以人生的智慧，我們的內在自然而然會升起力量，讓我們有能力面對生活中的挑戰。

春惠的夢想句可以是：**我想成為稱職的母親，因為我希望孩子變成一個快樂而健全的人。**

阻礙春惠實現夢想的原因，是因為她不知道該怎麼教育孩子，或是因為自我價值低落，而對孩子的期望太高，因而對孩子有過多的要求，造成壓力。

她的限制性信念可能是：孩子就是要聽父母的話，按照父母的意思生活；我是個失敗的母親，我教不好孩子。

所以，春惠要灌輸給自己的正面信念應該是：

我是個好母親，我知道如何教育孩子。

我是個好母親，我會給孩子他最需要的東西。

我接納孩子的本來面貌，無條件地愛他。

案例❸ 追求成功的上班族

向陽是一家電腦軟體整合顧問公司的經理，這家外商公司最近的高階主管有了調動，原先的美國籍總經理回國了，換來一位新的總經理大中。大中年輕有為，是被獵人頭公司從同業挖來的「空降部隊」。所謂「新官上任三把火」，大中初來乍到，雖然不太熟悉這裡做事的規則，但亟欲表現，對向陽施加了許多壓力。向陽很不習慣老闆凡事都要親自過問的管理方式，覺得大中老是不信任自己，連報銷一些簡單的帳目都要一個個詢問，好像懷疑向陽用公款在外面吃喝玩樂似的。向陽的情緒愈來愈不滿，連帶影響他整個部門的士氣。最近向陽公司的某個大客戶正在招標一個專案，本來這個老客戶應該順理成章地使用向陽公司的產品和服務，但前陣子向陽的手下出了一個大紕漏，讓客戶公司的電腦當機長達半天之久，而且損失了不少重要的檔案。為此，大中對向陽也頗有微詞，幾次開會都有意無意提到領導力的重要，直言好的管理能力可以避免員工犯下致命的錯誤。因此，這次的案子向陽志在必得。但是在士氣低落、老闆不諒解又猛施壓的情況下，向陽該怎麼突破重圍，順利奪標呢？

案例分析

害怕失敗的恐懼，反而會阻擋我們的成功。

擔心別人不信任的恐懼，反而會招致更多的不信任。

向陽必須針對這兩點檢視一下自己的信念，否則就算換公司、換老闆，還是會出現同樣的問題。

遇到障礙和問題時，你可以視它為一個危機和挑戰，在負面情緒中與它抗爭，努力地克服它。但是，你也可以把它當作一個磨練和學習的機會，在謙遜和鎮定中尋找這個事件為你帶來的禮物。在這種狀況下，你會更有力量、更有智慧地處理事情，而且這份內在的定靜和正面信念也會影響周遭的人（在向陽的例子中就是他部門的員工），讓他們也有同樣的篤定和信心去獲取成功。

向陽的夢想句可以是：**我要贏得這個競標案，因為我要成為一個成功的領導者。**

阻礙向陽實現夢想的原因，可能是他對失敗有過多的恐懼，而且無法接受別人的懷疑、不信任。這些其實源自他對自己的不信任。

向陽的限制性信念可能是：我是個失敗者，我做不好事情，所以需要別人監督我，緊密地管理我。

所以，他要灌輸給自己的正面信念應該是：

我是個成功的人，我知道如何領導團隊。

我是個成功的人，我知道如何獲致成功。

我是個值得信賴的人。

案例❹ 夢想佳偶的女孩

慧芳是個三十五歲的成功上班族，有著好收入和健康的興趣嗜好。她長相中等，氣質裝扮屬於大家閨秀型，看起來也頗具吸引力，年輕時談過幾次戀愛，也不在意，主要專心衝刺事業。但隨著年齡增加，慧芳愈來愈想成家，想找個可以依附終身的伴侶安定下來。

然而左看右看，身邊與慧芳年紀相仿或稍大的男子，條件好的早就被霸占了，條件好又單身的則多半是「同志」，要不就是眼睛長在頭頂上，整天約會不斷，身邊女孩纏繞，不想安定下來。慧芳又不習慣談「姊弟戀」，她還是比較傳統，喜歡成熟穩重的男人。

慧芳小時候父母的關係不好，常常吵架，她還曾經勸母親離婚，尋找自己的幸福。現在面臨婚姻的抉擇，慧芳可說是比較挑剔。她理想中的男人，一定要具備「新好男人」的特質：愛家、愛孩子、負責、誠實，同時還要具備身高、體重、相貌、經濟能力等條件。朋友告訴她，這麼挑剔，不如向老天訂做一個算了。

知道了心想事成之後，慧芳很好奇：這個方法是不是能夠幫助她覓得佳偶？

案例分析

我看過很多運用心想事成找到另一半的例子。我自己就是，而且也幫助至少三個朋友找到了終身伴侶。在慧芳的例子中，她首先要好好思考，自己想要的伴侶究竟要具備什麼條件。我的經驗是，列出這個人的內在特質，而不是外在條件。

比方說，他的存款有多少、工作是什麼、身高多少、出生地在哪裡等，這些外在條件要不是不重要，就是會改變。而這個人的個性、價值觀、興趣、喜好、做事方法，以及對人、事、物的看法和態度等內在特質，反倒可以詳細列出來。

不必在意自己的挑剔，只要你敢要，宇宙都會給你。當初我在找結婚對象時，從未懷疑自己可能會找不到。我列出了很多條件（人要誠實、負責，忠誠地愛我、顧家，喜愛藝術、旅遊、看電影，會陪我看卡通影片，會陪我買菜、做飯、做家事等，一堆別人看起來神經兮兮的條件），結果我老公幾乎完全符合。所以後來我深信，我們的人生是我們「相信」來的。你信什麼，什麼就會發生。

不過，慧芳必須做一件很重要的事，就是檢視自己對婚姻的看法和信念。她有可能因為父母婚姻不合，以至於心裡其實對婚姻有恐懼感。當她發願的時候，嘴上說想結婚，心裡卻發出「恐懼」的負面能量，宇宙接收到的就會是負面的東西，那麼，她就不容易「吸引」到合適的男人。

慧芳的夢想句可以是：**我要找到合適的結婚對象，因為我想要擁有幸福美滿的家庭生活。**

慧芳之所以無法實現夢想，是因為她對婚姻有恐懼感，下意識地害怕自己步上母親的後塵，遺憾終生，或是自我價值感不夠，覺得自己沒有嫁給好男人的好運氣。

她的限制性信念可能是：男人不可靠，結婚以後就會改變。婚姻是一場冒險，可能帶來一輩子的不幸福。我哪有那麼好運，可以找到夢中情人？

所以，慧芳要灌輸給自己的正面信念應該是：

我值得嫁給一個好男人。

我的婚姻會幸福美滿。
我夠幸運，可以找到讓自己幸福的終身伴侶。

案例❺ 與金錢無緣的人

崇明今年三十多歲，在他的職業生涯中一直有個願望，就是賺錢。出生在貧困家庭的他從小看到父母為錢煩惱，因為家裡沒錢，他高中畢業就出社會工作，把升學機會留給弟弟妹妹。所以，崇明長久以來的願望就是賺很多錢，讓父母晚年可以過得好一點，自己的老婆、兒子，還有弟弟妹妹的生活也都有保障。

只可惜事與願違。崇明離開待了五年的公司，準備自己出來創業，並把一部分客戶帶走。但他的運氣總是不太好，雖然能力很強，做事更是用心、勤奮努力，可是每到緊要關頭總會出些狀況，讓他失去客戶，或者賺的錢不如賠的多。

第一次聽到「外面的世界是我們內在所創造」的時候，崇明很不以為然，但回想自己的經歷，好像真的有某種內在信念在阻礙金錢流入他的口袋。因此，崇明想試試所謂的「心想事成」，看是否能夠讓他如願以償地賺到想要的金錢。

案例分析

崇明首先必須檢視自己的金錢觀。出生在窮困的家庭，他父母灌輸給他的金錢觀念是什麼？有沒有負面信念在其中（參考阿南和錢老闆的對話）？還有，當年父母為錢所困，或是為錢爭吵的時候，崇明在一旁看著，當下他在小小心靈中做出的決定是什麼？是覺得自己將來一定要出人頭地，不要為錢所困呢？或者覺得金錢是罪惡的、不好的，害得他們家庭氣氛如此不好？（從結果看來，崇明當年所做的決定可能是比較負面的。）

另外，很多孩子出於對父親的忠誠，潛意識裡不敢或不想超越父親的成就。崇明也要看看自己的潛意識中是否有「我不應該贏過父親」的潛在負面信念。

金錢是一種能量，對有些人來說，學習如何與金錢建立良好的關係，是需要有意識地努力的。我相信每個人出生時，這一生會有多少錢財已經是天注定了（這說明了為什麼有些刻薄小氣的人還是很有錢，似乎違反了心靈法則）。但是我也一直強調，只要連接上源頭，每個人的命運都掌握在自己手中。

想要改變財運，就必須了解「流入＝流出」的能量公式，以及吸引力法則。因此，富足會來到內在豐盛的人身上，不會來到內心匱乏的人身上。把金錢視為好的、友善的工具，不要懼怕失去金錢，待人寬厚、為人付出，如此一來，金錢遲早會來到你的生命中。

崇明的夢想句可以是：我要實現自己的財富夢想（最好有個具體數字和時限），因為我想給家人更好、更有保障的生活。

崇明之所以無法實現夢想，是因為他的金錢觀不正確，下意識害怕超越父親而不孝。或者，他也許是自我價值感不夠，覺得自己不會那麼好運，可以賺到錢。

他的限制性信念可能是：小時候父母灌輸給他、對於金錢的負面看法；我不能超越父親的成就；我不會那麼好運，可以輕易地賺到很多錢。

所以，崇明要灌輸給自己的正面信念應該是：

金錢是一種正面能量，我能好好經營它。

我可以超越父親，並讓他引以為榮。

我夠幸運，也值得擁有自己想要的財富。

第三步 30天實踐計畫

30天實踐計畫是一個每天要做的簡單步驟。包括：

開場（感受）→設定意圖（發願）→補進正面信念（體操）→瀉除限制性信念（觀照、覺察）→結束（感恩、冥想）

30天計畫實踐步驟

1. 開場——清早第一件事

眼睛一睜開，就開始體會夢想已經成真後的感受。

靜靜地躺在床上一會兒，享受那種愉悅的感受。如果無法體會到也沒有關係，繼續進行下面發願的步驟。

2.設定意圖——唸發願詞

「親愛的宇宙（最高力量、眞我，或是任何與你有對應、感應的神明的名字）！

我想要＿＿＿＿＿＿，因爲＿＿＿＿＿＿（寫下你的夢想句）。

感謝你爲我移除阻礙這件事情的信念或模式，並以你認爲對我最好的方式來成全我。」

相信心想事成的人一定都知道，心想事成的力量來自一個較高的力量，是在你之內，但又比你大很多的力量。你可以稱它為真我、大我、最高力量，或是任何讓你覺得可以託付、信賴的對象。唸這個發願詞的時候，最好把手放在胸口的正中央，大聲唸出來。如果真的無法大聲唸出來（旁邊有人，你不想被聽到），用默唸的方式也可以。

形式不重要，重要的是那份誠心與信任。在唸自己的發願詞時，你的心態和內在狀況非常重要。你是覺得自己十分匱乏，而去祈求上天垂憐，或者是在一個充滿信心和感恩的狀態下發願，結果會有很大的差異。

除了用唸的之外，如果能夠拿筆寫下來（至少寫下你的夢想句），會更為有效，因為在書寫的時候，我們與潛意識連結的管道其實更為通暢。

3. 補——改變信念的體操

按照書中農家女教阿南的體操，每個動作做三十秒，嘴裡還要唸著你的「正面信念」。

每個正面信念至少做十天，所以你的正面信念不要超過三個。

你的正面信念必須是你意識層面相信並同意的信念，但你知道你的潛意識並沒有「買單」，所以需要透過身體的視覺、聽覺、動感和能量的振動，把它建構到潛意識中。

同樣地，用筆寫下你的正面信念也會非常有效。記住：意識層面的發願效果有限，我們必須在潛意識層面改變自己的信念。這個體操是整合意識和潛意識最有效的方法。

4. 瀉——在生活中覺察自己的限制性人生模式或信念

在一整天的生活和工作中，要時時關注自己內在的想法。如果看到自己的限制性人生模式或信念浮上來時，要為它照相留念。也就是說，你要在心裡為它做個標記，說：「我看到你了，謝謝你的分享。」如此一來，你就不會受到它無意識的掌控和限制，進而影響你的言行。

這是心想事成當中「瀉」的功夫，十分重要！

比方說，如果案例1的月華在某個獨守空閨的夜晚，心中又浮現「他根本不愛我、不尊重我，我是沒有價值的」這種限制性信念，她可以看著它，知道它是一個慣性的負面想法，對它說「謝謝你的分享」，然後把它送走。如此一來，等陳康回家時，他看到的不是一張臭臭的晚娘臉，而是自在、愉快、正在享受獨處樂趣的老婆。這樣以後陳康早回家的機率就會高出很多。

案例2的春惠看到孩子又在玩電腦遊戲時，如果心中又不自覺地升起「我不知道該怎麼辦，我不知如何管教他，我不是個好母親」的想法，她就要看到這些想法只是自己腦海中的過客，跟它們說聲「謝謝你的分享」，然後回到當下她該採取的行動。也許她可以輕聲提醒孩子該念書了，或者，也許她決定讓他再多玩一會兒。無論春惠的選擇是什麼，由於她不是處於恐懼和責難的狀態，孩子聽從她的可能性會大大增加。

案例3的向陽在跟大客戶彙報自己公司的方案時，如果有恐懼冒出來，發現自己心裡在說：「你是個失敗者，他們是不會買你們的產品的。」同樣地，不要輕信那句話，而是要看著它、照張相，對它說：「謝謝你的分享，我知道了。」然後看著那個念頭放過你，回到它的歸處。千萬不要讓那些負面思想愚弄你，你對它的覺知和不認同，就足以化解它的破壞力。

案例4的慧芳，如果有人要介紹男朋友給她，她就覺得「不可能會有結果的啦」，或者一想到婚姻就有種不安全感，這時，就要注意這些負面的念頭，對它們說：「謝謝你的分享。」然後想一些正面的事物，化解剛才的負面思想。如果只是有不舒服的感覺，就要試著學習與那種感覺相處，直視它，不要逃避。

至於案例5的崇明，在關於金錢的負面念頭跑出來時，一定要抓住它們，仔細看個清楚，然後說：「謝謝你的分享，可是我現在相信的是……」（說一些正面的話語來代替。）如果出現匱乏的思想（我的錢不夠用；那個人賺了錢，我就賺不到了），也要如法炮製，不要讓那些跟金錢有關的不真實思想阻礙了你和金錢之間的通道。

如果暫時覺察不到，沒有關係，你可以有意識地在白天的生活中至少想起來三次：「我在心想事成的過程中。」然後稍微想一下自己的夢想句，與最高源頭做一個有意識的連結。所謂有意識的連結很簡單，就是去「想到」，因為心念的力量遠超過我們所能想像的。如果有時間，在心裡唸一次發願詞就更好了。

5.結束——每晚睡前感恩三件事並冥想

在所有人類的正面情緒中，感恩是振動頻率最強、最有利也最有力的。感恩的時候，你就是在跟宇宙說：「再來一點，再來一點！」所以無論你感恩的對象是什麼，那樣事物都會更頻繁地出現在你的生命中。

如果你真的過了很糟糕的一天，那就感恩你還活著這個事實吧。感恩你的身體每天二十四小時、全年無休地為你服務；感恩你的家人、父母、朋友、同事，而且你不需要有充足的理由才能感恩；感恩你有個地方住，感恩你有個健康的身體，感恩你有份工作。養成習慣，睡前至少感恩三件事情，一段時間以後，留意你的生活有什麼改變。

當然，對心想事成最有力的幫助，就是去感恩宇宙回饋給你的任何訊息。對案例1的月華來說，如果某一天老公對她比較好，早點回家，而且沒有上色情網站，她一定要抓住這個跡象，好好感謝宇宙，故意擴大自己的喜悅程度，由衷地感恩，因為宇宙對她的發願做出了一些回應。

對案例2的春惠來說，可能是孩子的成績有了小小的進步，玩電腦遊戲的時間減少了一點點，即使過兩天又故態復萌，但是在進步的當下，春惠就要緊抓住那一刻好好感恩。像這樣時時感恩，會讓你跟宇宙的連繫更為緊密，你也更容易從宇宙那裡獲得更多幫助。

對案例3的向陽而言，可能是他的團隊有了一次小小的勝利，或者他注意到最近團隊的士氣確實有些提升，甚至是老闆大中終於稍微展開了眉頭，對他有些小小的口頭獎勵或肯定，那麼，向陽就應該擴大這個事蹟，視其為宇宙的正面回應，並帶著強烈的感恩心情去感謝宇宙。

對案例4的慧芳來說，可能是朋友突然提議要介紹一位單身男子給她，也許後來並不成功，但慧芳也要將這件事視為宇宙的回應，而表達感恩之情。相親只要有一次成功就行了，誰曉得是哪一次。或者，如果慧芳碰到一位特別心儀的男子，後來卻發現對方已婚，也要感恩，因為至少老天讓你知道這個世界上還是有理想男人，也許下一個就是特別為你準備的！

對案例5的崇明來說，無論事業是一帆風順，或者有些小成就（不管多微小），都要感恩。甚至在坐車、走路的時候，如果突然發現一枚硬幣，也要感謝老天，因為這是一個跡象，讓你知道老天有回應你的發願，而你的感恩會將它擴大千百萬倍。

當你想了三件讓你感恩的事情後，請你坐在原處，試著關注自己的呼吸，在感恩的美好能量和氛圍中，排除思想，與自己靜靜地相處一會兒。如果思想無法停止，就維持一個觀察者的臨在意識，試著觀照自己的念頭，一個接著一個。

像這樣不斷地練習，你就可以把念頭與念頭之間的縫隙加大，一段時間後，你會發現思想慢慢地減少，頭腦愈來愈清明。靜坐冥想是接觸內在力量和真我的最佳工具，如果可能，每天最好早晚各靜坐十五分鐘，這樣做會帶給你完全不一樣的生活品質。

心想事成
30天實踐日程表

一、清晨第一件事：感受夢想成真的愉悅感覺。

二、唸發願詞。

「親愛的宇宙（最高力量、神、眞我、大我……）啊！

我想要＿＿＿＿＿＿＿＿，

因爲＿＿＿＿＿＿＿＿。（寫下夢想句）

感謝你爲我移除阻礙這件事的信念或模式，並以你認爲對我最好的方式成全我。」

三、改變信念的體操：四個動作。

我今天要加強的正面信念是：

＿＿＿＿＿＿＿＿

＿＿＿＿＿＿＿＿

＿＿＿＿＿＿＿＿

四、在生活中覺察自己的限制性人生信念。

今天我覺察到了嗎？（把感受寫下來）

或是想到就提醒自己：「我在心想事成的過程中。」有時間就想一下自己的夢想句或發願詞，與宇宙做一個有意識的連結。

五、睡前感恩三件事及靜坐冥想。

1. 我感恩

---

2. 我感恩

---

3. 我感恩

靜坐冥想五到十五分鐘。

每天按照此表練習，30天後，你會看到自己的變化和成長。

心靈能量
20問

·心靈問答·
01

如果祈禱自己所沒有的東西，是否表示對當下的狀態沒有完全臣服？

很好的問題。我們可以與當下為友，但是也可以有「喜好」。因此，我可以根據自己的喜好設下意圖，朝著那個方向前進。臣服並不表示沒有行動，例如你被壞人抓走了，臣服表示你接受這個事實，腦袋不胡思亂想，但有機會逃走時，你一定要逃走！

·心靈問答·
02

你所謂的「放下」，是否就是「謀事在人，成事在天」的意思？

盡力做好分內的事，剩下的就交給老天，如此而已。重要的是「心態」，心態好最重要。在與宇宙連結的過程中，最大的收穫是你會比較有安全感、比較平和與喜悅。還有什麼比這個更吸引人的呢？

・心靈問答・
03

「不要設定任何目標，只要活在當下，因為過去和未來都有時間性，有時間性就會有自我認同的問題」這段話是什麼意思？我到底是要設定人生目標，或者走一步算一步，活在當下那一刻就好？

心想事成是工具，不是終點。當你運用心想事成，更加接近自己的源頭，找到內在的力量時，慢慢地，你對生活和生命會有更多的信任，最終會過渡到活在當下的境界。

我們要摒棄的是「心理上的時間」，不要活在過去和未來，但還是要有鐘錶時間。我們來到這個世界的目的是要彰顯宇宙意識，表達自己的天賦，這也是一種目標。最大的差別在於，生命是舞者，我們是舞步，我們和生命共同創造我們的人生。不要給自己貼標籤，我們每個人都是迷途羔羊！

所以，你可以在當下認真地根據自己的喜好制定未來的計畫。制定完畢之後就放下它，繼續活在當下，在每個當下認真地執行你的計畫。

・心靈問答・

04

你不是說過要避免「想要」二字，因為那會使人散發出「匱乏」的振動頻率嗎？但是，心想事成實踐計畫的發願詞中有「我想要」啊，這會不會產生矛盾？

我有特別強調，祈禱時的狀態很重要。如果你能一步到位地「相信」自己已經得到了，而去觀想，那很好！但如果做不到，就請誠實地跟宇宙說出自己的心願，然後在「信任」中把自己的願望交付給宇宙。這是我自己實踐的心得。

・心靈問答・

05

請問心想事成實踐計畫是在一個月裡只針對一件事情發願嗎？我可不可以同時針對我想實現的幾件事情發願？

如果你的發願詞「因為×××」（觀想事情完成後的感覺）是相同或相近的，就可以一起發願，但願力最好還是集中比較好。先從你覺得比較容易實現的願望試起，然後再去嘗試困難的事（愈困難就表示你內在的模式和障礙愈多），這樣會比較有信心，有了經驗以後，也會知道該如何發願。發願時的「感覺」很重要，而不在於你說了什麼。

・心靈問答・
06

我曾經按照《秘密》提供的方法來改變自己的生活，但每每以失敗告終。你書中提到的「靜坐」是不是就是「充電」？有時我發現靜坐過後，自己的不良習慣更明顯了，我該怎麼辦？

恕我直言，你是想利用靈性的力量追求物質的成就嗎？我勸你直接去追求物質好了，先把靈性放下，等你準備好了，它自然會來找你。

如果按部就班地做好計畫，腳踏實地去工作，一定可以在物質上有所斬獲。與其花那麼多心思琢磨打坐的姿勢，不如多花點心思去想怎麼賺錢。等到你對物質的欲望滿足了，發現它不過爾爾，那時再來追求靈性可能會比較純粹，也不會浪費時間和精力。

不要去修正自己，要有勇氣看見自己的真相，並擁抱它。我們之所以得不到自己想要的事物，是因為有許多人生功課要學習。希望你有足夠的人生智慧，可以看見自己的功課，並願意謙卑地學習。這是一段漫長的旅程，終點不重要，過程才是重點。

·心靈問答·

07

如何利用吸引力法則，讓我的兒子愛上讀書？我也嘗試過觀想，想像他專心學習的情景、成績優秀拿到獎狀的場面等，每次都想得熱血沸騰、身歷其境，但他目前好像還是很貪玩。我該怎麼做呢？

首先，我想說的是，心想事成是不能拿來操控別人的。心想事成要求的是散發事已成真的振動頻率，當你對他人有隱藏的意圖時，這種振動頻率可能不足以召喚宇宙的力量來幫助你。

請你先想想，孩子很貪玩、不努力用功，觸動到你以下哪一個模式和傷口？

我不夠好，所以我的孩子要夠好。（自我價值感）

孩子不用功，將來前途堪憂。（你自己對未來的恐懼）

孩子貪玩，我看不順眼。（你的內在小孩也很想這樣，但苦於沒有機會）

看到這其實是你的問題之後，你就可以把投射和目光收回來，反求諸己。看見自己內在的真相，就是療癒的開始。你的孩子是天使，他來幫助你療癒自己的傷口。和我們有親密關係的人都是我們最好的老師，因為他們總是把我們帶到不想面對的真相前，使我們無所遁形。

再舉個我自己的例子。我兒子的成績真的不怎麼樣，他升上高年級後第一次拿成績單回家，上面全是C和D（國際學校的評分法），他自己都在掉淚，我一點也不生氣，只是告訴他：「媽媽覺得你沒有盡全力。我只要求你做到三件事：要快樂、要健康、要負責任。你覺得你對自己的學業負責了嗎？」他承認沒有。現在他上課就比較專心，功課也認真做了。

同樣一件事——孩子成績不好，不愛讀書——我和你的反應卻不相同，可見問題出在父母，而不是孩子身上。但可憐的孩子常常成為我們的投射，隨著父母的要求和喜好「起舞」，違背了他們的天性，剝奪了他們的快樂，也種下日後性格上、心態上的一些問題。

我雖然不要求孩子學業成績要好，可是在生活上我對他們有不少要求，這些要求很多也是我自己的投射，希望孩子以我的標準過生活，所以一路走來，我也是不停地在犯錯。當父母不容易，我們共勉之！

• 心靈問答 •

08

你每天在做例行的發願、體操和感恩時，是真心誠意的，還是應付了事？

我自己有時也會有這種感覺：因為趕時間，就例行公事般地依樣畫葫蘆，卻心不在焉，自己都不知道在想什麼或說什麼。你是否真心相信自己的願望會成真？你看得見、感覺得到嗎？（將之視覺化可以增強你的發願力度。）如果你心想：「書上說這樣做，我就做吧，至少每天可以對自己交代。」那麼效果一定會打折扣，因為，你認真地祈禱，宇宙就認真地聽；你隨意祈禱，它也隨意聽聽。

·心靈問答·
09

進行心想事成實踐計畫時，我的能量和注意力應該聚焦在「想要」的事物上，還是事成之後的狀態上？

你要求的是不是一種實質的物品或事件（升職、加薪、配偶的愛），而不是「最終想要的狀態」（喜悅的生活、輕鬆自在地過日子等等）？你的所思所想、你的能量，應該聚焦在夢想句的後半部——你希望得到的最終內在狀態。如果關注的是自己缺少、匱乏的東西，而不是得到之後的滿足和喜悅，那麼你的振動頻率就無法吸引想要的事物來到生命中。我說過，不要為難宇宙，所以發願時，你要提到自己最終想要的狀態。宇宙知道什麼對你最好，如果你就是想要某樣特定的東西，或者就是要嫁給某個人，宇宙可能未必會滿足你。

• 心靈問答 •
10

在運用「心想事成法則」時，我想要的事物往往與現在的生活情境相衝突，甚至是對立的，我會因此陷入兩難的困局。按照「心想事成法則」，我必須經常想像自己想要的未來生活情境，而且愈生動、愈有感受力愈好。而「活在當下」要求我們向現實臣服，把宇宙的神性帶入當下所做的每一件事情中。當然，我可以向現實臣服，在做目前的工作時，全神貫注於當下，同時在空間時間充分運用「心想事成法則」，愉悅且毫無限制地想像自己想要的生活情境。但事實上，這仍然會造成意識的分裂，以及《一個新世界》作者所說的「把當下作為達成未來目標的一種手段」。我該怎麼做呢？

請你相信，如果「心想事成」和「活在當下」你都做得爐火純青，絕對不會覺得它們之間是有衝突的。以我為例，我對自己現在的生活非常滿意，並沒有把當下作為達到目標的手段（別忘了，我是從憂鬱症和極端不快樂的生活走到今天的）。但此刻我心中有一個願景，希望將來主持一個像《歐普拉脫口秀》那樣的談話性節目，把靈性的理念傳播給普羅大眾，達成「提升人類意識」的自我承諾和使命。我有時也「看見」自己在攝影棚裡主持這個節目的畫面，想到更多人可以因為這樣的節目而受惠，開始用不同的眼光看待這個世界，我自己都會喜滋滋的（但我不是對這件事產生認同感，也就是說，我不是從這件事中汲取自我感，因為我已經知道自己真正是誰了）。然而，我還是活在當下，享受眼前的事物。

《一個新世界》的作者表達的生活態度是：如果你不喜歡某種情境的話，可以離開；如果不能離開，就要接納。假如你無法快樂地活在眼前的每一刻，那我保證生活中仍會有別的人、事、物讓你不快樂，或許是你的工作，或許是你的配偶。其實，所謂的「心想事成法則」，無非是要人真心相信自己的夢想會成真。就像我相信我的電視節目構想總有一天會實現，我一點也不著急。你相信什麼，什麼就會成真，但一般人很難這樣一步到位，所以要練習心想事成法則。練習的時候，你當然也可以活在當下地認真練習，只要抽出一點時間，告訴自己：此刻我要觀想我夢想成真啦。

還是那句老話：如果你兩者都練得很熟，就不會有這種疑問了。「小我」的頭腦喜歡這樣玩弄我們，讓我們兩邊不是人，都做不好。放下懷疑，好好修練最為重要，祝福你！

·心靈問答·

11

我覺得，如果有信仰，那麼當自己有了壞念頭或做了壞事，就會不停地擔心會不會受到神的懲罰。現在我一有了壞念頭，心裡就會想：「我這麼想會不會受到神的懲罰？」這種狀態是否正常？

我的信仰是，宇宙是友善的，命運是不可捉摸的，但我對生命中的人、事、物的反應方式是我自己可以決定的。誰會懲罰你？誰來定奪什麼是壞事，什麼是好事？作為一個人，我們為什麼要把自己的行為交給其他人審判？我也常常有壞念頭，但它們是我的嗎？不是。它們只是來來去去的過客，如果我聽信它們、順從它們，真的做了傷害自己、傷害別人的事，我一定會受到懲罰──被良心譴責。沒有一個外在的力量在審判你，所以，做一個有尊嚴的人吧，就從為自己所有的行為負責開始，為所有發生在自己身上的情境負起責任來。

·心靈問答·
12

很多人說我講話不婉轉，太直、太死板。其實，我說話時根本沒有多想，也沒有意識到自己的某些話會傷害到誰，可是就有人會因此不舒服。我該怎麼改變說話方式呢？

許多人被困在性格所設計的籠子裡。這個世界也是個充滿性格的世界，不同的性格之間發生一些摩擦是有可能的，不需要為此責備自己，但應該做些改變，以適應你的生活環境。

人常常無意間掉進自己所屬的性格裡，才會造成這些問題。如果人與人之間相處有困難，那麼大多是性格造成的，所以，不同的性格之間需要一些了解和尊重。說話太直、太硬確實容易傷到對方的自尊，因為每個人都有一個不可侵犯的自我保護區，一旦觸及那個區域，就得承受對方的反擊或反感，同時也容易造成彼此的恐懼感。所以在跟別人聊天時，最好避開那些敏感區，這樣就不容易發生不愉快的事情。

建議你：

1. 說話慢一點，這樣比較容易覺察到自己在說什麼，而這份覺察會調整你說話的尺度，讓你不至於陷入尷尬中。

2.多說一些讓人愉快的正面話語，這樣就不容易碰到對方的「禁區」，大家相處起來就會輕鬆許多，也不會有所顧慮。

3.盡量避免使用貶低、批評和教導的語氣跟別人說話，那樣會讓對方覺得不舒服。

總之，你要知道自己正在說什麼，那麼改變就會自動發生。愈放鬆去嘗試，效果就愈好。

‧心靈問答‧ 13

我一直覺得生活沒有樂趣，就算和很多朋友聚在一起，也會覺得寂寞，往往表面上很開心，但心裡一點都不快樂。我時常覺得很累，不知道自己喜歡什麼、想要什麼、可以做什麼。有時候，我很不喜歡自己，覺得自己不幽默，而且沒有魅力，總認為身邊的人都不喜歡自己。這種抑鬱的心情也給家人帶來負面影響，卻又難以擺脫！我很徬徨，到底該怎麼做才能得到解脫呢？

看到這樣的問題，我總覺得無奈。我的書和部落格裡的每篇文章幾乎都在教大家怎麼走出負面思考和負面情緒，就是有人聽不進去。所以，如果有讀者因為我的書改變了他們的人生，或是改變了他們看待人生的觀點，而對我感激涕零時，我總是告訴他們，你要感謝老天，是老天讓你準備好接受新觀念、接受改變的，否則看再多的書、上再多的課，也只是言者諄諄，聽者藐藐。

不過，既然有人問了，我就盡己所能，再試著回答這樣的問題。

首先，情緒低落時，應該要做一些讓自己高興的事。總會有讓你稍微開心一點的事情吧？多去做、多動！如果跑完三千公尺，你還是覺得心情低沉、抑鬱，你也算是稀有動物了！所以，抑鬱的人應該多出去走走，一定要讓身體動起來。

但是，當你獨處，或是夜深人靜的時候，一定又會覺得人生無趣、情緒低落。這時，請你檢視一下自己的思想。你到底在想什麼？你一定要能夠看見自己的思想，並檢視它們的真實性。如何檢視呢？把你的種種念頭寫下來，然後好好地看看它們。

讓我們產生負面情緒的思想不外乎：

1. 我需要×××：

我需要有份工作；我需要他愛我；我需要這件事情這樣發生……

真的嗎？你真的需要這個嗎？沒有它，你會怎麼樣？為什麼讓「我需要×××」的想法左右你的情緒，讓你不快樂？誰沒有誰不能活？誰沒有什麼東西不能活？那不過是個思想罷了，你要是相信它，就得受苦；你不相信它，就可以海闊天空。

當你說你「需要」現在所沒有的東西時，你永遠處於焦慮中。你不需要任何事物。當你擁有它時，你才需要它；如果失去了它，你也就不需要它了。你可以「嚮往」某些事物，但你不「需要」它們。

2. 我應該×××，別人應該×××或不應該×××：

這是真的嗎？為什麼你應該×××？為什麼他應該×××？你是神嗎？你評判事情的標準就是真理嗎？大家就應該奉行如儀嗎？為什麼你的父母應該諒解你？他們不應該這麼做，因為他們沒有諒解你，而他們沒有諒解你的原因是他們不能。為什麼你的愛人不能離你而去？為什麼他要遵守諾言？你憑什麼要求別人按照「你的」遊戲規則過「他們的」人生？

舉個簡單的例子。前面我提到，看見讀者來問情緒低落的時候該怎麼辦，我總會覺得無奈。為什麼我會覺得無奈？因為我心裡有個既定的想法：他們不應該看了我的書或讀了我的文章之後還有這樣的問題。一旦檢視自我、找出這個念頭，就會發現實在很可笑，也讓我看見自己的狂妄。

這時候，我們會看見天底下其實只有三種事：我的事、他的事和老天的事。我們大多時候都在管別人的事和老天的事，並與之對抗，自己家裡卻沒有人關照，難怪我們會覺得孤獨、疏離，因為根本沒有人在家啊！別人情緒低落是他的選擇，我能做的，就是盡量去幫助他們、提供資訊，並為他們獻上愛和祝福。我把自己的事情做好就夠了，管不了別人的。

就這樣，情緒一低落，就去覺察自己在想什麼，把那個念頭揪出來，放在陽光下好好檢視，然後看見它不過是一個思想，就像風、像空氣一樣，來來去去，我們無法阻擋，但是你不必聽從它。另外，請你一定要採取一些行動，例如呼吸法、瑜伽、運動、和好朋友聚聚，讓自己的情緒能從谷底往上攀升。

祝福每個在負面情緒中掙扎的靈魂。祈禱上天讓你們看見，這不過就是一個選擇，你可以選擇在天堂，也可以選擇留在地獄。選擇權就在你手上。

· 心靈問答 ·
14

我最近有一種厭世的感覺，不想工作，也不想與人交流。每天早上醒來一想到工作，就想昏睡過去。有時，我甚至想離開這裡，到一個沒有人煙的地方生活，但又覺得那樣做並不理智。我該怎麼辦？

物質世界的生活方式就是不斷地重複，所以很容易讓人覺得無聊和厭倦，也容易造成內心的匱乏而失去信心。不過這也在提醒你，除了物質世界之外，你還有一個更寬廣的內在世界，那裡才是你生命真正要去體驗的地方，如果不嘗試打開那道門，那麼想脫困是很難的。所以，你目前的低迷狀態並非壞事，此時它的出現只說明了一件事：你改變的時機到了。你需要從另一個方向尋找新的自己，把目光轉向自己的內在，重新認識自己，那麼，你將會有所不同。

建議你先讓自己安靜一段時間，但不要指責或逃避你的問題，那樣會延長問題的壽命。再說，你厭煩什麼，就會反覆體驗什麼。讓問題存在，你只是安靜地跟自己在一起就可以了。這個安靜的狀態就是你內在世界的中心，它會自動轉化你的情緒，並讓你重拾信心。

隨著你的心不斷擴大，你愈能輕鬆地包容或超越問題。問題很少會去糾纏一個心情開朗的人，它只對心情低迷的人感興趣。一旦了解這個事實，那些不好的狀態都會自動消除。

另外，建議你多運動，或是多做一些需要體力而不是腦力的活動。例如，去田裡幹一天農活，看你的心情還會不會低落。

・心靈問答・ 15

每當不開心的時候，我就會寫下：「我看見我有許多憤怒和不被愛的感覺，我接納這些感覺，並放下對它們的需要。」但可能是腦子裡雜念太多了，放下筆之後，我又開始覺得很憤怒、很難過，不明白我的丈夫為什麼這麼自私，要這樣對待我。這是否因為我不夠專注或太過主觀呢？我是九型人格的四號人格，是不是注定無法擺脫悲哀？

親愛的，你又在為自己貼標籤了：「我是四號人格，無法擺脫悲哀。」請你看見，這是你的選擇。當你寫下「我接納這些感覺」的時候，是真心誠意的嗎？在做這個練習之前，你先要把自己「憤怒和不被愛」的原因放在自己身上。你的憤怒不是你老公造成的，你不被愛的感覺不是他給你的，這些全都源於你自身。你要看見這一點，做這個練習才有用。

最近我也碰到一些朋友對我不公或不好的狀況，可是我學會不把他們的作為看成是「衝著我來的」。他們就是這樣的人，對誰都一樣。也許面對老闆或熱戀中的對象，他們不會如此，但這種做法也正是他們性格的一部分。你丈夫的自私並不是針對你，他就是這樣的人。如果他現在愛上一個年輕貌美的女子，也許會改變三個月，但過了一段時間，等那個女人成為他的老婆，他的本性就會畢露無疑。

不過，還有另外一種可能。告訴你一個秘密，我的前夫有三個老婆（當然是先後娶的），他對第一任老婆非常好，會在家裡為她帶孩子、煮飯。輪到我的時候，他卻變成一個大男人，整天待在牌桌上，對我很不好。他跟我離婚後再婚，十多年前，我和他及他再婚的老婆見面時，忍不住數落他當年對我有多壞，結果他老婆瞪大了眼睛說：「現在都是我這樣對待他！」

每個人都是多面體，碰到什麼樣的人，就展現出什麼樣的面向。我們的責任就是：把對方最好的那一面引出來，而不是埋怨他為什麼要這樣對待我。因為，有時他對待別人真的是不一樣。而且，無論他的行為是什麼，我們內在一定有個相應的傷口被觸動了，才會如此耿耿於懷。

被朋友「得罪」了以後，我就深深體會這一點。事情都過去了，我並沒有實質上的損失，但心裡還是不舒暢，老是想著對方如何不好、不對。這時候，我就知道是我自己的問題，會盡量收回對他們的投射，把焦點放在自己不舒服的情緒或身體上，全然地經歷，然後知道：我此刻的感受跟對方毫無關係。我為我此刻的內在感受負責，願意接納它。也許我還是有些許委屈、憤怒、不舒服，但是我知道，這才是真正邁向解脫的道路！

・心靈問答・
16

你是否真正做到了「放手」和「臣服」，讓宇宙發揮它的力量？

我一直覺得，恩典隨處都在，隨時準備好要來幫助我們，但我們一直忙著抓取、防衛，所以恩典無法流入。有時候，我們表面上發願祈求，內在卻有很多的焦慮和堅持，這些負面能量絕對會阻礙宇宙的能量流向你。緊握雙手，你無法接受，只有鬆開手掌，你想要的東西才會悄然來臨。

另外，你也要了解，有些事情是需要一段時間醞釀的。例如尋求終身伴侶這件事，如果你認真發願了一個月，理想的對象還是沒出現，你是否可以相信宇宙已經拿到了你的「訂單」，然後會在最適當的時機成就你的願望？

我們的人生模式都不是一朝一夕形成的，它對我們的影響卻如此之深，所以，短短三十天的努力對一個頑固的人生模式而言，有時可能是不夠的。或許，當你做完三十天之後，可以靜待宇宙的答覆，真心體驗「放下」「放手」的感覺，然後看看宇宙會帶給你什麼樣的驚喜。

·心靈問答· 17

既然即使無法心想事成也可以得到快樂，那我們為什麼還要刻意學習心想事成？如果學習的結果沒有達到，是不是又會因失望而不快樂呢？

如果你可以一步到位地得到快樂，當然不需要學習心想事成！不過，我們來到這個世界是為了活出一部分的宇宙意識、盡情展現自己，所以若是對自己的生命該如何展開有一個「意圖」，這會是好的。但生命是舞者，我們是舞步，如果太執著於結果，當然會導致失望。有時我們覺得好的事情，從宇宙宏觀的角度來看未必是最好的，因此一定要臣服。

·心靈問答· 18

如果無法心想事成，還能快樂嗎？如果沒有幸福的家庭，一個人孤獨地生活，能快樂嗎？

許多人沒有心想事成，但依舊很快樂；許多人一個人過生活，但並不孤獨，而且也很快樂。快樂不能有條件，尤其不可以依賴外在的人、事、物，否則「無常」就會出現，帶走你的快樂。

·心靈問答·
19

我花了幾個月時間進行心想事成實踐計畫，目前生活還沒有改變的跡象。我是否還要加強些什麼，或者要從頭再來一次？

心想事成實踐計畫是為了幫助大家建立一些好習慣，例如感恩，以便隨時觀察自己的負面模式，並發願、祈求。如果你真的做得很好，生活不可能沒有改變。建議你仔細想想自己是否心悅誠服地在做，而不只是表面上發願。另外，並不是做完以後馬上就能得到你想要的事物（當然有些人是可以的），因為有些事物的到來需要時間。

·心靈問答·
20

如果可以真正地臣服，那麼不管在這個顯化的世界遇到什麼事，都是「禮物」，都是我們的功課，那為什麼還需要「心想事成」呢？

心想事成是與宇宙「共同創造」我們的生命和生活，我們的意圖非常重要，但在過程中還是可以臣服。我喜歡舉的例子是：一個開悟的人走到水果攤買水果，他不會閉眼亂選，而是挑選他愛吃的桃子；假如沒有桃子，他也會心平氣和地買蘋果。但因為愛吃桃子，他會要求賣水果的人明天進一些桃子來賣。如果對方拒絕他，那也無所謂，因為他可以去另一個水果攤買。你若能悟出這個故事的真諦，你的問題也就有了答案。

參考資料

本書故事的靈感主要來自一個印度神話，而第一部「學習心想事成的秘密」則參考了幾本好書：

《秘密》，朗達·拜恩，方智出版社
《吸引力法則》，麥可·J·羅西爾，方智出版社
《把好運吸過來》，琳·葛雷朋，方智出版社
《心想事成的九大心靈法則》，韋恩·戴爾，世茂出版社
《失落的致富經典》，華勒思·華特斯，方智出版社
《有錢人想的和你不一樣》，T·哈福·艾克，大塊文化

第二部「秘密背後的秘密」當中，有些方法是參考《有錢人想的和你不一樣》作者所教授的「百萬富翁腦袋密集訓練課程」（Millionaire Mind Intensive）裡面的一些授課內容。另外，我想推薦幾本在情緒和模式療癒方面非常棒的書：

《全然接受這樣的我》，塔拉．布萊克，橡樹林出版社
《學會情緒平衡的方法》，洛伊．馬提納，方智出版社
《破碎重生》，伊莉莎白．萊瑟，方智出版社
《靈性煉金術》，潘蜜拉．克里柏，方智出版社
《Face to Face with Fear: Transforming Fear into Love》，Krishnananda Trobe、Amana Trobe

此外，我覺得《無量之網》（橡實文化）是以科學的方式把心想事成的秘密說得最清楚的一本書。

然而，最終我還是覺得，如果你可以完全臣服——老天給的，就是你要的——你就是和宇宙同頻共振，那麼，真正的心想事成就是你每天的生活方式了。祝福大家！

國家圖書館出版品預行編目資料

遇見心想事成的自己【恩佐全彩插圖典藏版】 /
張德芬著. -- 初版. -- 臺北市：皇冠, 2020.07
面；　公分. --（皇冠叢書；第4857種）(張德芬作品集；6）
ISBN 978-957-33-3550-4(平裝)

1.修身 2.生活指導

192.1　　109007898

皇冠叢書第4857種
張德芬作品集06

遇見心想事成的自己
【恩佐全彩插圖典藏版】

作　　者—張德芬
發 行 人—平　雲
出版發行—皇冠文化出版有限公司
台北市敦化北路120巷50號
電話◎02-27168888
郵撥帳號◎15261516號
皇冠出版社(香港)有限公司
香港銅鑼灣道180號百樂商業中心
19字樓1903室
電話◎2529-1778　傳真◎2527-0904
總 編 輯—許婷婷
美術設計—嚴昱琳
著作完成日期—2013年4月
初版一刷日期—2020年7月
初版五刷日期—2024年9月
法律顧問—王惠光律師
有著作權・翻印必究
如有破損或裝訂錯誤，請寄回本社更換
讀者服務傳真專線◎02-27150507
電腦編號◎565006
ISBN◎978-957-33-3550-4
Printed in Taiwan
本書定價◎新台幣380元/港幣127元

• 皇冠讀樂網：www.crown.com.tw
• 皇冠Facebook：www.facebook.com/crownbook
• 皇冠Instagram：www.instagram.com/crownbook1954/
• 皇冠蝦皮商城：shopee.tw/crown_tw